UN GARÇON DANS LE DÉSERT

Avis aux lecteurs

Vous êtes nombreux à nous écrire
et nous vous en remercions.
Pour être sûrs que votre courrier arrive,
adressez votre correspondance à :

Bayard Éditions Jeunesse
Collection Cœur Grenadine
3 / 5, rue Bayard
75008 Paris.

ADAPTATION
JOSETTE CHAMBON-CHICHEPORTICHE

Cœur Grenadine

UN GARÇON DANS LE DÉSERT

JANET QUIN-HARKIN

TRADUIT DE L'AMÉRICAIN
PAR JACQUELINE CASTÉRA

CINQUIÈME ÉDITION
BAYARD JEUNESSE

Pour ma filleule, Kate qui m'a inspiré ce livre.

Titre original
SWEET DREAMS®
Exchange of Hearts

Sweet Dreams is a registered trademark of
Random House Children's Books,
a division of Random House, Inc.

Loi n°49 956 du 16 juillet 1949
sur les publications destinées à la jeunesse
Dépôt légal janvier 2001

ISBN : 2 747 002 10 1

Chapitre 1

Tout a commencé un mardi, le 5 juin, à 16 h 45 exactement. Jusque-là, pour Flora, la journée s'était déroulée normalement.

À l'école, cocktail de cours plus ou moins barbants ; à la cantine, frites et saucisses grillées. Simon avait promis de l'appeler dès qu'il aurait terminé de réviser. Bref, une journée vraiment ordinaire.

Même le temps n'avait rien d'exceptionnel. Les fines gouttelettes de bruine, si caractéristiques des étés anglais, s'accrochaient à ses cheveux

comme des perles. Le monde semblait peint en gris, du gris de son uniforme de lycéenne.
Comme elle détestait la discipline de son école ! Les barrettes et les rubans étaient interdits, les chaussures devaient être sans fantaisie. Pour un peu, on leur demanderait de se teindre les cheveux en gris ! Flora était si fière de ses cheveux blonds ! Elle repoussa une mèche rebelle sous son chapeau et changea son cartable d'épaule. Elle était arrivée à l'angle de sa rue.
Un bus rouge flamboyant troua la grisaille londonienne. Il s'arrêta, puis repartit en rugissant dans une puanteur de diesel. Flora traversa et se dirigea vers sa maison de brique rouge sombre, semblable aux autres. Tout ce qu'elle désirait, c'était une soirée tranquille devant la télévision.
Elle tourna la clé dans la serrure et accrocha son imperméable et son chapeau dans l'étroit vestibule. Elle s'apprêtait à entrer dans le salon quand elle entendit des voix : on parlait d'elle ! Aussitôt, elle tendit l'oreille.
– Ça lui ferait le plus grand bien si on bousculait un peu ses habitudes, affirmait sa mère. C'est notre seule enfant et nous avons tendance à trop la couver !
Une voix grave, marquée d'un fort accent américain, déclara :

– Si elle pouvait être là en septembre, ce serait parfait.
C'était le professeur West. Il était assistant à l'université de Londres où son père enseignait, et logeait chez eux depuis le début de l'année.
Emportée par la curiosité, Flora poussa la porte du salon.
– Bonsoir, maman, bonsoir, papa ! lança-t-elle, l'air de rien. Il reste quelque chose à grignoter ? Je meurs de faim. Oh, bonsoir, professeur West.
Ses parents étaient installés à la table du salon. Le Pr West, lui, était assis dans le fauteuil près de la cheminée, ses grandes jambes étalées en travers du tapis. Flora avait toujours pensé que son père était grand jusqu'à ce qu'elle rencontre le professeur. Au début, ce colosse lui faisait presque peur, mais elle avait appris à le connaître et sa compagnie lui était devenue agréable.
– Bonsoir, ma chérie, nous parlions justement de toi, dit sa mère.
– Ce n'est pas bien de parler des absents, plaisanta Flora en se servant une part de gâteau.
– C'est vrai, mais cette fois, c'est particulier. Nous avons une proposition à te soumettre...
– Une proposition ? Pour les vacances d'été ?
– Non, pour la prochaine année scolaire.
– Flora, intervint le Pr West, j'ai suggéré à tes

parents de faire un échange avec ma fille. Sandra viendrait à Londres et, toi, tu irais vivre au Nouveau-Mexique avec nous.

Flora resta sans voix. Le Nouveau-Mexique ? Elle ne se souvenait même plus où c'était !

– Alors, qu'en dis-tu ? demanda sa mère. Peu de filles de ton âge ont la chance d'aller vivre à l'étranger !

Flora tenta de rassembler ses esprits.

– Si je comprends bien, commença-t-elle lentement, vous voulez m'envoyer aux... États-Unis pendant un an ?

– Oui, confirma sa mère.

Flora les regarda, stupéfaite. Tout se bousculait dans sa tête : et Simon ? Et la chorale où elle allait enfin chanter en solo ? Et les examens ?

– Non, non ! Ce n'est pas possible ! s'écria-t-elle enfin et elle quitta la pièce en courant.

Allongée sur son lit, Flora réfléchissait. Les objets qui se trouvaient là avaient leur histoire, ils faisaient partie de sa vie. Tout ce qu'elle considérait comme acquis – sa scolarité de l'an prochain, la chorale, Simon habitant à deux pas... –, comment pourrait-elle l'abandonner ? Elle était perdue dans ses pensées quand sa mère vint s'asseoir sur son lit.

– Je sais que c'est une décision difficile à prendre, commença-t-elle, mais c'est une telle chance...
Flora garda les yeux rivés sur le mur :
– Vous auriez tout de même pu m'en parler avant !
– À t'entendre, on croirait que c'est une punition ! dit sa mère.
– Mais c'en est une ! s'exclama Flora. Quand je reviendrai, je serai en retard à l'école, je raterai mes examens, quelqu'un aura pris ma place à la chorale et Simon m'aura oubliée. Peux-tu me dire ce que je gagnerai à passer un an au Nouveau-Mexique ?
– Ne fais pas l'enfant gâtée, je t'en prie ! Vivre à l'étranger a toujours été une expérience enrichissante. Et puis, tu découvriras des tas de choses nouvelles !
– Mais, maman, je suis trop timide ! Les gens vont se moquer de mon accent, dit-elle en se pelotonnant comme un petit chat contre sa mère. Ne m'oblige pas à partir, s'il te plaît !
– Il n'est pas question de t'obliger, ma chérie. Je comprends que tu aies peur, c'est normal la première fois. Mais si tu refuses, tu risques de le regretter plus tard. Et puis, pour nous non plus ça ne sera pas facile...

– Justement ! coupa Flora. On sera malheureux tous les trois !
Comprenant que sa fille cherchait à l'amadouer, Mme Henley se releva et lança d'un ton léger :
– Ne t'inquiète pas pour nous. Nous sommes prêts à faire ce sacrifice pour toi.
Puis elle l'embrassa sur le front et sortit.
« Ça va être difficile de les faire changer d'avis », se dit Flora une fois seule.

– Et ça se trouve où, le Nouveau-Mexique ? demanda Simon qui avait accouru après le coup de téléphone désespéré de Flora.
Il ne semblait pas contrarié. Remontant ses lunettes sur son nez, il saisit l'atlas sur l'étagère.
– Quelle importance, puisque je n'irai pas !
Flora était roulée en boule dans son fauteuil, la tête nichée entre ses bras.
Simon leva les yeux de son livre et lui sourit :
– Ce n'est pas ce qu'ont l'air de penser tes parents !
Brun et mince, Simon avait de grands yeux noisette que ses épaisses lunettes agrandissaient encore. Quand il riait, tout son visage s'éclairait. C'était ce que Flora aimait le plus chez lui. Pourtant, ce jour-là, son charme n'agissait pas. Elle le regarda en fronçant les sourcils.

– Moi qui pensais que tu me défendrais ! dit-elle. Finalement, j'aurais préféré que mes parents m'obligent à partir. Au moins, j'aurais pu leur en vouloir. Là, ils me laissent décider. Si je reste, je les déçois. Si je pars, je suis malheureuse.
Simon feuilletait les pages de l'atlas.
– Simon, pose ce livre et essaie de m'aider. Tu pourrais m'enlever ? Me cacher ?
Simon sourit de nouveau.
– Je ne suis pas sûr que mes parents soient d'accord ! Voilà, c'est là ! s'écria-t-il, triomphant. Le Nouveau-Mexique, entre l'Arizona et le Texas.
Flora jeta un coup d'œil à la carte par-dessus son épaule.
– Mais c'est un désert, s'exclama-t-elle sur un ton désespéré. Regarde ! Il n'y a presque pas de villes. Qu'est-ce que je vais faire dans un trou pareil !
– J'en connais qui sauteraient de joie à ta place. Moi, par exemple, je n'hésiterais pas une seconde.
– Quoi ? balbutia Flora. Ça ne te ferait rien de me quitter ? Je ne compte donc pas pour toi ?
– Mais si, tu le sais bien, voyons, répondit Simon en lui caressant tendrement la joue.
À moitié rassurée, Flora s'écarta de lui pour

regarder une nouvelle fois la carte. Des images de montagnes désertiques, de terre rouge et craquelée sur laquelle la pluie ne tombe jamais lui vinrent à l'esprit. « Comment pourrais-je vivre dans un endroit aussi sinistre ? » pensa-t-elle en frissonnant.

– La seule chose qui me rassure, dit-elle d'une voix tremblante, c'est que je vais chez le Pr West. Il doit sûrement habiter dans une grande ville. Ça ne peut pas être très différent d'ici, même si c'est en plein désert...

Chapitre 2

Flora attendait à l'aéroport l'arrivée de Sandra West. S'entendrait-elle avec la jeune Américaine ? Bien sûr, elles ne passeraient que peu de temps ensemble, puisque Flora quittait l'Angleterre dans deux semaines. Deux semaines...

Flora reconnut immédiatement Sandra dans le flot des voyageurs. Elle ressemblait tellement au portrait qu'elle avait envoyé d'elle qu'on ne risquait pas de la rater. Elle leur fit aussitôt de grands signes et les aborda avec entrain :

– Madame Henley ? Flora ? J'étais sûre que c'était vous ! s'exclama-t-elle en serrant chaleureusement Mme Henley dans ses bras.
Légèrement choquée par sa familiarité, Flora jeta un coup d'œil à sa mère : elle avait l'air ravi.
– Bienvenue en Angleterre, dit-elle. On t'attendait avec impatience.
– Et moi, si vous saviez comme j'avais hâte d'arriver ! Tous les soirs, je barrais un jour sur mon calendrier et, la nuit dernière, j'ai à peine fermé l'œil, tellement j'étais excitée.
Flora la regardait, éberluée. Elle qui était toujours sur ses gardes devant des inconnus voyait Sandra se comporter avec sa mère comme avec une amie. Malgré son long voyage en avion, elle semblait fraîche et reposée. Elle était même éblouissante. On ne voyait qu'elle dans la foule. Son visage bronzé était parsemé de taches de rousseur et ses cheveux étaient dorés par le soleil américain.
Elle adressa un sourire éclatant à Flora.
– Alors, comment ça va, partenaire ? dit-elle. C'est comme ça qu'on dit chez moi. Autant te mettre dans le bain tout de suite, sinon tu ne comprendras rien !
Flora lui rendit son sourire :
– Tu sais, ton père a passé un an ici, et je n'avais

aucun problème pour le comprendre.
– C’est parce qu’il ne vous a montré qu’un côté de sa personnalité. À Londres, il s’est sans doute comporté en professeur sérieux, mais si tu le voyais quand il attrape des mustangs au lasso !
« Elle essaie de m’impressionner avec le grand Ouest américain, pensa Flora. Je parie qu’en réalité ils vivent dans un pavillon de banlieue avec des massifs de fleurs devant la porte. »
Sur le trajet de la maison, Sandra ne cacha pas son excitation et son enthousiasme.
– Oh ! Un vrai bus à étage ! Il faudra que je le prenne un jour. Et ce bâtiment ! Il est magnifique. Il doit être vieux.
– À peine deux cents ans, dit Flora.
Sandra gloussa.
– Pour un Américain, deux cents ans, c’est déjà énorme. Albuquerque n’est sorti de terre qu’au XVIIIe siècle, et c’est l’un des endroits les plus anciens des États-Unis.
– Ici, des tas de choses ont plus de mille ans, expliqua Flora.
Elle avait dû se montrer un peu méprisante malgré elle, car Sandra précisa aussitôt :
– La culture indienne remonte à très loin, tu sais. Certains villages du Nouveau-Mexique ont bien plus de mille ans.

Quand la voiture s'engagea dans la rue des Henley, Sandra laissa échapper un cri qui fit sursauter Flora et sa mère :
– Ça y est, j'ai trouvé ! Pendant tout le trajet je me demandais ce qui clochait. Je viens de comprendre : vous roulez à gauche !

À la grande joie des parents de Flora, Sandra s'adapta avec facilité. Tout l'intéressait. Piquée par la jalousie, Flora pensait à sa propre arrivée au Nouveau-Mexique : ce serait sans doute bien différent. Sa timidité l'empêcherait de parler, et quand enfin elle se déciderait, son accent anglais semblerait hautain. Comme elle aurait aimé avoir l'aisance de Sandra !
Parfois, cependant, elle la trouvait un peu trop familière. Sandra avait pris l'habitude de venir se vautrer sur son lit pendant que Flora se coiffait ou s'habillait. Celle-ci n'osait rien lui dire, bien sûr, mais elle n'était pas habituée à ce qu'on fasse ainsi irruption dans sa chambre.
Un jour, Sandra entra alors qu'elle pliait son linge.
– Dis-moi, tu ne m'as pas encore montré ton école. Elle est loin ?
– Environ une demi-heure.
– Je n'ai pas bien compris votre système sco-

laire, continua Sandra. Papa m'a expliqué que tu allais à une *grammar school*, et chez nous, c'est comme ça qu'on appelle les écoles primaires.
– Oui, je sais. Ça prête à confusion. Nos *grammar schools* sont des lycées classiques. Il faut passer un examen pour y rentrer.
– Et je devrai prendre le bus ? demanda Sandra.
– Non. Tu pourras y aller à pied ou en tube.
– En quoi ?
– En tube.
Flora sourit devant l'air dérouté de Sandra.
– C'est le nom qu'on donne au métro, ici, lui expliqua-t-elle.
– Ah bon ! Un instant j'ai cru que vous aviez inventé une nouvelle forme de transport, un système où on serait aspiré à un bout et rejeté à l'autre !

Jusqu'alors, Flora avait pensé que les Américains parlaient comme les Anglais. Mais Sandra butait sans cesse sur des mots qui avaient un sens totalement différent en Angleterre.
Heureusement, la jeune Américaine était toujours prête à rire, même à ses dépens. Très vite, Flora sentit qu'elles pouvaient devenir de grandes amies. Dire qu'elles allaient être séparées par des milliers de kilomètres !

– J'aurais aimé que tu sois là pour m'accueillir au Nouveau-Mexique, confia Flora le deuxième soir, après le dîner.
– Oh, tu te débrouilleras très bien. Mes amis ont hâte de te rencontrer. Tu n'auras pas le moindre problème. Sauf avec mon frère, peut-être. C'est un vrai casse-pieds. Mais tous les frères sont pareils !
– Parle-moi de ta famille, Sandra.
– Il n'y a pas grand-chose à savoir, répondit la jeune fille. Nous sommes cinq à la maison : moi, mon frère Taco, mon père, Maria Alvarez et son mari, Enrique. Maman est morte quand j'étais petite. Je ne me souviens pas très bien d'elle. Taco l'a davantage connue. C'est Maria qui nous a élevés.
– C'est votre gouvernante ?
– Oui, si on veut... Plutôt notre deuxième mère. C'est une excellente cuisinière. Son *chili* et ses *tacos* sont réputés dans toute la région.
Ces plats exotiques évoquaient dans l'esprit de Flora un paysage étrange fait de désert et de cactus, peuplé de cow-boys. Apparemment, ils avaient le même effet sur Sandra, car un profond soupir lui échappa :
– Bon sang, me voilà nostalgique ! Mes amis me manquent. Même ce brave Patrick.

– Qui est-ce ?
– Mon petit ami.
Sandra plissa le nez :
– Je devrais plutôt dire mon ex-petit ami. Il ne pense qu'à bricoler de vieilles voitures et à lire des magazines de courses automobiles. Tout bien réfléchi, il ne me manque pas du tout ! conclut-elle en riant.
Appuyée contre la fenêtre, le regard dans le vague, Flora confia d'une petite voix :
– Simon va me manquer.
Sandra venait juste de faire sa connaissance.
– Ne t'inquiète pas, je m'occuperai de lui. Je le trouve très mignon, ajouta-t-elle, malicieuse.
Cette nuit-là, Flora eut du mal à s'endormir. Bien sûr, Sandra l'avait simplement taquinée. Mais Simon attendrait-il toute une année ? Et que ferait-elle s'il lui trouvait une remplaçante ?

Les jours suivants furent consacrés aux préparatifs du voyage. Flora n'arrêtait pas d'interroger Sandra :
– Que penses-tu de cette robe ? Tu crois que je pourrai la mettre là-bas ? Je n'aurai pas l'air idiote ?
– Tu ferais mieux de n'emporter que des jeans, c'est plus sûr, répondit gentiment Sandra.

– Mais pour sortir le soir ?
Sandra éclata de rire.
– Les seules soirées auxquelles tu seras invitée seront des barbecues ! Fais-moi confiance, prends des jeans. La plupart des filles ne mettent que ça toute l'année.
Heureusement que Flora avait quelqu'un pour la conseiller ! Sans la jeune Américaine, elle n'aurait pris que des vêtements d'été.
– Mais il neige en hiver ! s'exclama Sandra.
– Si bas dans le Sud ? s'étonna Flora en jetant un coup d'œil à la carte accrochée au mur.
– Nous sommes en altitude, ne l'oublie pas. Notre maison est à plus de deux mille mètres au-dessus du niveau de la mer.
Pour Flora, c'était déjà assez difficile d'imaginer le désert, les cactus et le ciel bleu. S'il fallait à présent ajouter la neige...
– J'ai du mal à le croire, dit-elle.
– Attends que mon père te réveille à six heures du matin pour aller donner du fourrage au troupeau coincé par trente centimètres de neige ! dit Sandra.
– Oh, ça suffit, répliqua Flora, agacée. N'insiste pas. Je suis assez nerveuse comme ça.
– Tu ne me crois pas pour la neige et le bétail ?
– C'est-à-dire... Il doit bien y avoir des troupeaux

et même de la neige chez vous. Mais je suis sûre que cela ne préoccupe pas beaucoup ton père.
Sandra haussa les épaules.
– Tu verras...

Chapitre 3

Ce ne fut que lorsque l'avion amorça sa descente sur Albuquerque que Flora repensa à cette conversation. Elle regardait par le hublot. Les montagnes rouge brun, les vallées marron et les carrés de verdure autour des villes et des lacs commençaient à apparaître. Puis ce furent des pistes sur lesquelles roulaient des voitures de la taille de fourmis. L'avion survolait le Nouveau-Mexique ; le Pr West devait être là, en bas, à l'attendre...

Comment pourrait-elle survivre une année

entière dans ce pays étrange, brûlé par le soleil ? Était-ce aussi sauvage que Sandra l'avait laissé entendre ? Les jeunes du coin allaient-ils l'accepter ?
« Détends-toi, lui ordonna une petite voix. Tu n'as aucune raison d'avoir peur. Après tout, tu connais déjà le professeur. » Flora ferma les yeux pour mieux l'imaginer, assis en train de lire et de fumer sa pipe, pendant que, dehors, d'étranges personnages galopent sur des chevaux et tirent à la carabine sur des serpents à sonnettes.

L'avion était maintenant si bas que Flora apercevait les maisons blanches aux toits de tuiles rouges et l'eau bleue des piscines. Il passa au-dessus d'une large rivière puis survola des bois et des prairies verdoyantes.
« Où est le désert ? se demanda-t-elle, surprise. Ça ne change pas beaucoup de l'Angleterre. Finalement, je me suis encore inquiétée pour rien. »
Quand elle sortit de l'avion, elle fut frappée par la chaleur. La lumière, bien plus vive qu'à Londres, lui fit plisser les yeux. Dans la transparence incroyable de l'air, la pierre rouge de la montagne, le ciel d'un bleu limpide et la blan-

cheur des bâtiments l'éblouirent. Tout était plus grand, plus éclatant, plus étrange qu'elle ne l'avait imaginé.

Elle eut du mal à reconnaître le Pr West au milieu de la foule. Quel changement ! À Londres, il portait toujours un costume sombre, et, le week-end, un pull et un pantalon de velours, mais l'homme qui venait à sa rencontre en souriant semblait sortir d'un western avec son jean, sa chemise à carreaux et son chapeau de cow-boy. À son côté se tenait un garçon, presque aussi grand que lui. Sous son bronzage, il avait les mêmes taches de rousseur que Sandra, les mêmes cheveux dorés par le soleil. Ce ne pouvait être que Taco. Il était mince, mais musclé. Son comportement fut très différent de celui de sa sœur. Il observa longuement la jeune Anglaise, avec une moue presque hostile.

– La voilà ! s'écria le Pr West. Et pile à l'heure ! Le voyage s'est bien passé ?

– Très bien, je vous remercie, murmura Flora.

Le Pr West éclata de rire :

– Tu as entendu, Taco ? Un Britannique dira toujours « Très bien, merci » même si, pendant tout le vol, il a eu peur que l'avion ne perde une aile ! Taco, je te présente Flora, continua le professeur. Flora, voici mon fils, Taco.

– Salut, marmonna Taco. Papa, tu veux que j'avance le camion pendant que tu vas chercher les valises ?

Et sans attendre de réponse, il disparut dans la foule.

– Ne fais pas attention, reprit le professeur. Taco est timide, il a besoin de temps pour être à l'aise avec les gens. Ce sera plus facile dès qu'il te connaîtra mieux.

Flora hocha la tête. La mine renfrognée de Taco avait réveillé sa peur. « Moi aussi, je suis timide, se dit-elle, mais je ne suis pas désagréable pour autant. »

– Allons-y, dit le Pr West après avoir récupéré les bagages de Flora.

Ils passèrent les portes vitrées qui donnaient sur le parking inondé de soleil.

– Où est Taco ? demanda le professeur en cherchant son fils des yeux. Il devrait être là, pourtant. Ah, le voilà !

Taco vint se garer juste devant eux. Le Pr West ouvrit la porte de la cabine et aida Flora à monter. Les mains résolument posées sur le volant, Taco ne bougea pas. Flora attendit quelques secondes puis, voyant qu'il n'était pas décidé à engager la conversation, elle rassembla son courage et se lança :

– Ce ne doit pas être évident de conduire un camion aussi gros, dit-elle d'une voix hésitante. Tu as ton permis depuis longtemps ?
Taco repoussa son chapeau en arrière :
– Depuis l'âge de dix ans.
– Dix ans ! répéta Flora. À partir de quel âge au juste avez-vous le droit de conduire ici ?
– Officiellement, seize. Mais au ranch, on s'en fiche.
– Eh bien, j'ai beau avoir seize ans, je ne me vois pas au volant d'un camion.
Taco lui lança un coup d'œil qui signifiait clairement : « Moi non plus ! »
Après avoir chargé les bagages, le Pr West s'installa à côté de Flora, et Taco démarra.
– On habite à la campagne, expliqua le professeur. Quand mon grand-père s'est installé ici pour cultiver la terre, il a très vite compris qu'il ne pourrait faire que de l'élevage.
Le camion avait pris de la vitesse. De chaque côté de la route, les champs et les bois formaient un curieux contraste avec les montagnes dépouillées et desséchées à l'horizon.
– Ici la terre est irriguée par les eaux du Rio Grande. C'est pourquoi la végétation est si luxuriante. Le ranch est beaucoup plus loin, et l'eau nous pose un gros problème, déclara le Pr West.

En effet, loin de la vallée, les champs se transformaient en broussailles parsemées d'herbe sèche jaunie par le soleil. Finis les bâtiments bien alignés de la ville, les gazons vert tendre et les jardinets bien entretenus. Flora frémit. Sandra avait dit la vérité ! Elle n'exagérait pas quand elle racontait qu'il fallait attraper des veaux au lasso et aller nourrir le bétail dans la neige. « Je veux rentrer chez moi ! » eut envie de hurler Flora. Mais il était trop tard. Le camion venait de passer sous le portique du « Ranch Bar W » et roulait sur un chemin défoncé.

– Nous sommes arrivés, dit le professeur joyeusement. Voici la maison. Qu'en penses-tu ?

– C'est charmant, parvint à articuler poliment Flora.

Chapitre 4

La maison, contre laquelle était adossée une véranda, projetait son ombre sur le sable de la cour en cette fin d'après-midi. Derrière l'étable, de longues friches s'étendaient à perte de vue et se fondaient dans la brume.

– C'est encore plus beau au coucher du soleil, déclara le professeur. Viens, je vais te montrer ta chambre.

Ils traversèrent la véranda et entrèrent. Les murs étaient très épais. Le Pr West passa sa main sur l'un d'eux.

– C'est du torchis.
– Du quoi ? demanda Flora.
– Du torchis. Un mélange d'argile et de sable qu'on laisse durcir au soleil, et qu'on badigeonne ensuite de chaux. C'est le seul moyen d'avoir une maison qui reste fraîche l'été et chaude l'hiver. Mon grand-père l'a construite de ses mains.
Flora dut reconnaître que, après la chaleur de l'extérieur, il y faisait délicieusement bon. Elle suivit le professeur le long d'un couloir jusqu'à une porte qui s'ouvrait sur une vaste pièce, simplement meublée d'un lit et d'une commode.
– Voilà ta chambre, dit le Pr West. Installe-toi. Je reviens.
Flora parcourut la pièce du regard. Dire qu'elle allait habiter ici pendant un an, avec pour seule compagnie un homme absorbé par son travail et un garçon taciturne ! Plus que la fatigue du voyage et le décalage horaire, cette pensée la fit fondre en larmes. Elle essuya ses yeux et regarda sa montre : cinq heures. À cinq heures, en Angleterre, sa mère servait le thé tout en bavardant tandis que son père lui répondait par de vagues grognements. Simon, lui, débarquait à l'improviste pour jouer de la guitare avec elle. Mais il n'était pas cinq heures à Londres. Il devait être minuit, et tout le monde dormait. Pour

la première fois, Flora comprit qu'elle était vraiment très loin de chez elle. « Ça suffit, se dit-elle. Je ferais mieux d'aller chercher mes bagages. » Elle ouvrit la porte de sa chambre et se trouva nez à nez avec un homme étrange aux yeux noirs et au teint olivâtre. Aussitôt, des images de bandits armés lui traversèrent l'esprit. Elle hurla.

– Que se passe-t-il, Flora ? demanda le professeur qui avait accouru dès qu'il l'avait entendue crier.

Flora entrouvrit légèrement la porte.

– Il... il y avait quelqu'un.

– C'est Enrique. Il t'apportait tes bagages, expliqua gentiment le professeur.

– Je suis désolée, s'excusa Flora. J'ai été surprise et...

– Ce n'est rien, la rassura-t-il.

– Tu devrais peut-être l'emmener à la cuisine pour lui présenter Maria avant qu'elle ne recommence, déclara Taco qui venait de les rejoindre.

De toute évidence, il estimait qu'elle faisait beaucoup de bruit pour rien. Mais il avait raison pour Maria. Si Flora était tombée par hasard sur elle, elle se serait sans doute enfuie à toutes jambes. Maria était énorme, presque aussi large que haute. Ils la trouvèrent devant la grande cuisinière en fonte. Elle portait une jupe à fleurs rouges et un chemisier jaune. Sa lourde chevelure noire était relevée par des peignes d'argent, et son visage se fronçait en une centaine de petites rides malicieuses.

– Ah ! La voilà enfin ! dit-elle en découvrant Flora. Mais... c'est une petite chose toute pâle et maigrichonne ! Attends donc un peu de goûter à ma bonne cuisine, ma mignonne, et tu vas te remplumer !

Et d'une main ferme, Maria entraîna Flora vers la table.

– Assieds-toi. Tu dois être fatiguée après un si long voyage ! Moi, j'ai pris l'avion une fois. C'était pour aller au mariage de ma sœur, à Los Angeles. Quelle épreuve ! Je ne pouvais pas m'asseoir tellement les sièges étaient étroits.

– J'ai entendu parler de ce vol, dit Taco, les yeux brillants de malice. Il y avait un problème de surcharge, et l'avion a fait tout le trajet jusqu'à Los Angeles en penchant fortement d'un côté !

Maria éclata d'un rire qui secoua tout son corps.

– Oh, celui-là, il se moque toujours de moi ! Ne crois pas un mot de ce qu'il raconte, Flora. J'espère que tu vas te plaire ici.

– Merci. Je l'espère aussi.

– Oh ! là, là ! s'exclama soudain Maria. Je n'ai

pas fait attention à l'heure. Allez ! Ouste ! Sortez d'ici si vous voulez manger avant minuit.

– Très bien, très bien, dit Taco. Tu n'as pas oublié ce que je t'ai demandé pour le dîner ?

– Bien sûr que non, tonna Maria. Tu crois que j'ai une cervelle d'oiseau ?

Tout en guidant Flora vers le salon, le Pr West lui souffla à l'oreille :

– Maria s'énerve vite, mais c'est un amour. Enrique se charge des travaux à l'extérieur, et elle prend soin de la maison. Ils vivent ici depuis la naissance des enfants. Après la mort de ma femme, c'est Maria qui s'est occupée de Taco et de Sandra. Ils l'adorent.

– Papa, tu peux m'aider à sortir le foin avant la nuit ? appela Taco du couloir.

– Tu as raison, Taco. On ferait mieux de le faire maintenant. Excuse-nous un moment, Flora. Fais comme chez toi. Il y a du Coca dans le frigo si tu as envie.

Flora s'installa dans un grand fauteuil en cuir et aperçut par la fenêtre le camion chargé de foin qui s'éloignait en bringuebalant. Le soleil couchant suspendu au-dessus des collines mauves embrasait les montagnes. Dans le salon, la lumière était agréablement tamisée. De magnifiques tapis indiens décoraient les murs et le sol,

et dans une vitrine étaient exposées toutes sortes de poteries indiennes. Mais il n'y avait pas la moindre bibliothèque. Flora se sentit brusquement très seule.
« Eh bien, moi qui voulais faire bonne impression, c'est raté ! pensa-t-elle. Je passe déjà pour une poule mouillée qui crie pour un oui ou pour un non. » Elle regarda le téléphone avec envie. Soulever le combiné et écouter la voix de sa mère...

Le Pr West et Taco ne rentrèrent qu'après la tombée de la nuit. Flora fut étonnée de la rapidité avec laquelle l'obscurité s'était installée. En Angleterre, les soirées d'été étaient longues et le jour s'éteignait lentement vers huit ou neuf heures. Ici, le soleil se couchait vers sept heures. Il flottait, immobile, sur l'horizon, et l'instant d'après il disparaissait. Le ciel rougeoyait quelques secondes encore, puis c'était le noir complet. « Même le coucher de soleil est différent ici », se dit Flora.

Le dîner fut servi dans la cuisine. Taco avait enfilé un jean propre et un T-shirt noir portant en lettres d'argent l'inscription « Champion de rodéo du district ». Sous la lampe, sa peau prenait une teinte dorée et ses yeux pétillaient. Flora ne pouvait s'empêcher de le trouver beau. Il était entré dans la pièce avec un petit sourire en coin, comme si quelque chose l'amusait. Maria apporta une soupière bouillante qu'elle plaça devant Flora :

– Taco m'a dit que tu aimais le chili très épicé. Tu vas te régaler.

– Taco ! gronda le Pr West. Tu sais bien que Flora n'a jamais goûté de chili. Celui de Maria va lui brûler la bouche. C'est une blague idiote et méchante !

Flora sentit la colère monter en elle.

– Ne vous inquiétez pas, professeur, dit-elle d'une voix douce. En Angleterre, on mange souvent indien ou pakistanais. Je suis sûre que c'est aussi relevé que le chili.

Elle se servit généreusement mais, à la première bouchée, sa gorge fut en feu.

– Ce chili était délicieux, lança-t-elle avec un sourire triomphant en direction de Taco quand elle eut fini son assiette.

Un peu plus tard, ce soir-là, Flora se coucha pleine de bonnes résolutions.

« Assez pleuré comme ça ! Taco me prend pour une mauviette. Eh bien, qu'il essaie un peu de se moquer encore de moi ! Il risque d'avoir des surprises ! »

Le matin suivant, elle se réveilla de bonne heure, intriguée par le calme qui régnait. Nuit et jour, Londres résonnait du bruit des bus, des voitures, des avions et des cris des vendeurs de journaux. Ici, on pouvait presque entendre le silence. Flora observa sa nouvelle chambre. Tout était si tranquille qu'elle se surprit à retenir sa respiration et à attendre que quelque chose se produise.
Elle se leva et alla à la fenêtre. Le carrelage était glacé sous ses pieds. Le jour n'était pas encore levé, mais à l'est le ciel rougeoyait comme s'il allait s'enflammer. Tout semblait parfaitement immobile. Pas le moindre souffle de vent dans les broussailles. Puis, soudain, un coq chanta.
Comme s'il avait attendu ce signal, le monde s'éveilla. Le soleil embrasa l'horizon, les poules se mirent à caqueter et, du lointain, monta le martèlement régulier et monotone des sabots des troupeaux.
Flora prit une douche dans sa salle de bains personnelle – un luxe rare en Angleterre –, enfila un jean et un sweat-shirt vert pomme et commença à se brosser les cheveux. Comme elle était pâle ! Il fallait absolument qu'elle bronze vite si elle ne voulait pas être repérée dans ce pays.

Maria était déjà à ses fourneaux quand elle pénétra dans la cuisine. Son visage s'épanouit en un large sourire en voyant entrer Flora.

– *Buenos días*. Tu arrives pile au bon moment. Assieds-toi et verse-toi du café. Je finis de préparer le petit déjeuner.

Flora se servit, n'osant pas dire qu'elle ne buvait que du thé chez elle. « Si maman me voyait... » se dit-elle.

À la maison, il fallait toujours la tirer du lit et elle n'avait ni le temps ni l'appétit de manger plus d'une tartine grillée.

Aujourd'hui, elle se sentait une faim de loup. Sur la table trônait une assiette de crêpes entourées de tranches de bacon. Jamais elle n'avait pensé à manger des crêpes au petit déjeuner, et certainement pas avec du bacon.

Elle avait presque terminé quand Taco entra. Il empestait le cheval.

– Je meurs de faim, lança-t-il en se servant du café.

Maria le regarda d'un œil sévère.

– Tu ferais mieux de te laver les mains et de te débarbouiller avant de passer à table, dit-elle. Tu es déjà sorti faire du cheval ?

– Bien sûr. J'ai fait faire un peu d'exercice à Red Fox.

– Red Fox ? répéta Maria. Je croyais que ton père t'avait interdit de le monter.
– Ne t'inquiète pas, Maria. Red Fox fait semblant de s'emporter et de jouer les méchants, mais, en réalité, c'est un agneau. Je finirai par en venir à bout.
Taco alla à l'évier et s'aspergea la figure.
– On en reparlera le jour où tu te retrouveras par terre, avec une jambe cassée, dit Maria. Peut-être qu'alors tu te souviendras des recommandations de ton père.
Taco lui passa un bras autour du cou.
– Tu ne lui diras rien, n'est-ce pas, ma petite Maria ?
– N'essaie pas de m'embobiner avec tes douces paroles ! répondit Maria en se dégageant. Si j'ai un conseil à te donner, c'est de ne jamais croire ce garçon, ajouta-t-elle à l'adresse de Flora.
Taco se retourna brusquement comme s'il venait de se rendre compte de la présence de Flora.
– Oh, salut, fit-il.
Et sans plus se préoccuper d'elle, il s'attaqua à une énorme pile de crêpes.
Flora l'observait à la dérobée. « Décidément, il ne m'aime pas », pensa-t-elle. Le Pr West entra peu après. Comme à Londres, il portait un costume sombre et une chemise blanche.

– Bonjour tout le monde, lança-t-il. Non, pas de petit déjeuner pour moi, Maria. Je n'ai pas le temps. J'ai une réunion à 8 h 30 précises. Taco, pourquoi n'emmènerais-tu pas Flora au *bosque* avant qu'il fasse trop chaud ?
Taco regarda Flora.
– Tu veux faire du cheval dans le *bosque* ?
Flora rougit, mal à l'aise. Un *bosque* ? Qu'est-ce que ça pouvait être ? Peut-être une sorte de calèche ?
– Pourquoi pas ? Mais je n'ai jamais essayé.
Taco éclata de rire.
– *Bosque* veut dire « bois » en espagnol, expliqua-t-il. Pour nous, c'est le petit bois de peupliers blancs près du ruisseau. C'est agréable de s'y promener à cheval tant que le soleil n'est pas trop haut. Oh, mais, j'y pense... Est-ce que tu sais monter ?
Une fois, quand elle était enfant, Flora avait fait une balade à poney, sur une plage. Elle se souvenait d'avoir eu peur quand l'animal s'était mis à trotter, et de s'être cramponnée à la selle de toutes ses forces. Quelques années plus tard, elle avait décidé de prendre des leçons. Le premier jour, il pleuvait des cordes, et elle était tombée dans la boue. Son expérience s'était arrêtée là. Mais quelque chose dans le rire et la

voix de Taco avait réveillé sa fierté.
– Bien sûr, s'entendit-elle répondre d'une voix assurée.
– Super, dit Taco. Je vais seller les chevaux. Mais, à ta place, j'irais passer un vieux jean. Tu risques de te salir et ce serait dommage.
« Parfait, se dit Flora en se changeant. Au moins, il a apprécié ma tenue ! » Elle était en train de lacer ses tennis quand elle se rendit compte de ce qu'elle avait accepté. Elle était folle d'avoir menti ! Que devait-elle faire ? Renoncer, et passer pour une capricieuse, ou y aller, et passer pour une imbécile ? « De toute façon, son père lui a bien recommandé de ne pas me bousculer, pensa-t-elle. On commencera sans doute par une simple balade au pas, et si Taco propose quelque chose de trop difficile, je lui dirai que je suis fatiguée ».
Mais à l'idée de monter avec un champion de rodéo, ses jambes tremblaient. Pourtant, dans ce pays de cow-boys, elle pourrait difficilement échapper à l'équitation. Alors autant commencer tout de suite ! Quant à ce Taco, elle s'en fichait pas mal. Il était peut-être mignon, mais elle le trouvait très antipathique !
Alors qu'elle s'apprêtait à sortir, elle entendit Taco et son père bavarder sous sa fenêtre.

– Quel cheval prends-tu pour Flora ? demandait le professeur.
– Je pensais lui donner Princess. Elle a besoin d'exercice.
– Princess ! Tu es tombé sur la tête ?
– Pourquoi ? Flora a dit qu'elle savait monter.
– Oui, mais pas Princess. Cette jument est bien trop capricieuse. Même Sandra a du mal avec elle. Va plutôt seller Traveler. Il sera parfait pour une première promenade.
– Oh, Papa ! Traveler est si lent !
– Ce n'est pas une course, Taco, et je ne veux pas que Flora ait peur. Selle Traveler, tu m'entends ?
– D'accord, soupira Taco.
Flora soupira aussi, mais de soulagement, et elle alla rejoindre Taco, le cœur léger.
Quand il l'aida à grimper sur la selle, Flora ressentit une émotion inhabituelle. Était-ce à cause de la douceur qu'elle avait perçue dans ses yeux ? Mais déjà il détournait la tête et sautait agilement sur sa propre monture.
– Prête ? demanda-t-il en faisant avancer son cheval.
Ils quittèrent le ranch et empruntèrent une piste à travers les broussailles. Taco chevauchait devant. On n'entendait que le martèlement des sabots dans l'herbe sèche et le souffle du vent dans les

peupliers. Au-dessus d'eux, un faucon planait paresseusement dans le ciel clair. Malgré l'heure matinale, il faisait déjà chaud.
Taco se tourna vers elle.
– Ça va ? demanda-t-il.
Flora lui répondit d'un hochement de tête.
Il proposa alors quelque chose, mais le bruit des sabots couvrit sa voix.
– D'accord ! cria Flora sans réfléchir.
Elle regretta sa réponse, car presque aussitôt Taco éperonna sa monture et partit comme une flèche. Le cheval de Flora suivit le mouvement, et la jeune fille dut se cramponner à la selle pour ne pas tomber. Elle galopait à présent à travers la prairie. Sa peur l'avait peu à peu lâchée. « Finalement, ce n'est pas si désagréable que ça », pensa-t-elle.
Au loin coulait une rivière. Flora commençait à peine à se laisser griser par la vitesse quand son cheval allongea le cou et doubla Taco. Le sol se mit à défiler à toute allure. Flora tira sur les rênes désespérément. Elle voulut crier, mais aucun son ne sortit de sa bouche. Arrivé à la rivière, son cheval y entra et s'arrêta brusquement pour boire. Affolée, Flora chercha aussitôt Taco des yeux. Elle espérait qu'il viendrait à son secours. Mais il se tenait en haut de la berge et l'observait.

– Je croyais que tu savais monter ! lança-t-il, le sourire aux lèvres.
Flora le fusilla du regard.
– J'aurais pu me casser le cou !
– Ce n'est pas ma faute si tu n'arrives pas à te faire obéir, répondit-il en repoussant son chapeau en arrière. Bon, alors, tu viens ?
Flora tira rageusement sur les rênes, mais son cheval ne bougea pas d'un pouce. Elle lui donna alors de grands coups de pied. Il resta tout aussi insensible.
– Tu ferais mieux de venir m'aider au lieu de rester là ! s'énerva-t-elle.
Elle continuait à se débattre quand un martèlement de sabots lui fit tourner la tête. Trois cavaliers arrivaient au petit trot, sur l'autre rive. Plantée en plein milieu d'un ruisseau sur un cheval qui ne voulait rien entendre, Flora savait bien qu'elle devait être ridicule.
« Ils penseront peut-être que je fais boire mon cheval », se dit-elle pour se rassurer.
Mais les trois cavaliers s'arrêtèrent à sa hauteur et la regardèrent avec le plus grand intérêt. Flora fit mine de ne pas les voir. Elle eut tout de même le temps de repérer une blonde aux cheveux longs, une brune et un garçon grand et mince. Tous trois riaient.

– Hé, Taco, ne me dis pas que Princess fait encore des siennes ! lança le garçon.
– C'est une leçon d'équitation ou une leçon de natation que tu donnes à cette pauvre fille ? demanda la blonde.
– Un peu des deux, répondit Taco.
– Ah... c'est l'Anglaise ! reprit la fille tout en ricanant.
– Qui veux-tu que ce soit d'autre, Evelyn ?
Flora était au bord des larmes. Pour qui la prenaient-ils ? Une bête curieuse dans un zoo ?
– Franchement, Taco, tu ne manques pas de culot ! cria la brune. Lui donner Princess, ce n'est vraiment pas sympa.
– Oh, ça va, Anna. On a bien le droit de s'amuser, protesta Taco en amenant son cheval près de Flora.
– Taco, dépêche-toi de l'aider ! reprit Anna. Et au lieu de faire des blagues idiotes, tu ferais mieux de l'emmener chez William ce soir, ce serait plus malin !
Evelyn fit avancer son cheval.
– Allez, on s'en va, Anna. N'oublie pas de passer me chercher, Taco ! lança-t-elle avant d'éperonner sa monture.
Flora était rouge de colère. Ainsi, Taco ne lui avait pas donné Traveler mais Princess. Princess

que Sandra elle-même ne pouvait pas maîtriser ! Pendant tout le trajet du retour, elle ne desserra pas les dents, mais chaque fois qu'elle jetait un coup d'œil à Taco et qu'elle voyait son air satisfait, elle enrageait. Quand ils arrivèrent au ranch, il sauta à terre et vint l'aider à descendre. Flora le repoussa aussitôt.

– Tu t'es bien moqué de moi, hein ! Tu te fichais pas mal que je tombe ou que je me tue ? Je vais te dire quelque chose. Je n'ai pas souhaité venir dans ce trou perdu. J'ai laissé en Angleterre des amis et des gens civilisés. Si je m'étais comportée avec ta sœur comme toi avec moi, elle aurait fait ses valises et serait rentrée chez elle !

Quand Flora s'arrêta pour reprendre son souffle, elle remarqua que Taco la regardait en souriant.

– Tu sais que tu es drôlement mignonne quand tu te mets en colère !

Et avant qu'elle ait pu répliquer quoi que ce soit, il l'attira vers lui et l'embrassa.

Flora s'écarta en se débattant.

– Alors, là, c'est le bouquet ! s'écria-t-elle en tremblant. Tu crois peut-être qu'il suffit d'être bronzé et d'avoir des muscles pour séduire toutes les filles ! Eh bien, dis-toi que même si tu étais le dernier garçon sur la terre, je ne voudrais pas de toi.

Et sur ces paroles, elle se dirigea vers la maison, bousculant au passage Enrique. À en juger par son air amusé, il n'avait sûrement rien manqué de cette charmante scène.

Chapitre 5

Tout le reste de la matinée, Flora s'arrangea pour éviter Taco. Ce garçon l'intriguait. Pourquoi l'avait-il embrassée ? Pour lui prouver qu'il était un macho, et elle, une pauvre fille prête à lui tomber dans les bras ? Jamais elle ne lui pardonnerait ! Quand, à midi, elle sortit enfin de sa chambre, elle apprit avec soulagement qu'il était parti avec Enrique et qu'elle déjeunerait seule. L'après-midi, elle s'installa dans le salon et écrivit à ses parents une longue lettre, leur racontant en détail son voyage, la maison et le paysage, mais se gardant de mentionner Taco et l'accueil qu'il lui avait réservé. Elle prit ensuite la guitare qui traînait dans un coin de la pièce et se mit à jouer.

– Tu te débrouilles bien, dit Taco qui venait d'entrer sans bruit.

La jeune fille reposa aussitôt l'instrument.

– Flora, je suis désolé pour ce matin, continua Taco. J'ai été bête et méchant. On oublie tout, d'accord ?

Comme elle persistait à ne pas lui répondre, il s'avança vers elle :

– Alors... tu m'accompagnes ce soir ? Mes copains font un barbecue et Anna veut absolument te rencontrer.

– Tiens donc ? Tu es sûr que ce n'est pas plutôt pour se payer ma tête ? explosa-t-elle enfin.

– Pas du tout ! Écoute, je lui ai promis que tu viendrais. Et tu pourras poster ta lettre, ajouta-t-il en la désignant du doigt.

– C'est ça ! Et toi, tu en profiteras pour me jeter en bas d'un précipice ou m'abandonner en plein désert...

– J'ai dit que je regrettais, répéta Taco. Alors, si tu veux venir, je pars à six heures.

– D'accord, céda-t-elle enfin. Et je m'habille comment ?

– Tu es très bien comme ça, répondit Taco en haussant les épaules.

Le Pr West rentra de bonne heure. S'il avait appris ce qui s'était passé le matin, il n'en laissa rien paraître et tint compagnie à Flora jusqu'à son départ.

Taco l'attendait au volant du camion. Flora monta, l'estomac noué. Qu'est-ce qui lui avait pris d'accepter ? Même à Londres, elle était mal à l'aise dans ce genre de soirées. Elle préférait rester à la maison avec Simon et regarder la télévision. Sa mère d'ailleurs la traitait souvent de petite vieille.

« Je ne peux tout de même pas passer l'année cloîtrée ici ! se raisonna-t-elle. Il faudra bien que je rencontre les amis de Taco et de Sandra. »

Taco conduisait en silence. Au bout de deux kilomètres, il s'engagea dans une allée et s'arrêta devant une grande maison avant de klaxonner plusieurs fois. La porte d'entrée s'ouvrit et Evelyn apparut. Elle portait une robe blanche avec un décolleté en pointe qui mettait en valeur sa peau bronzée.

« Évidemment, il m'a dit de rester en jean, rumina Flora. J'aurais dû me douter que c'était encore un de ses tours. »

– Allez, grimpe ! lança Taco à Evelyn.
– Oh, salut, dit celle-ci en apercevant Flora. On n'a pas vraiment été présentées, ce matin. Je m'appelle Evelyn Lampert. Taco t'a sûrement parlé de moi, ajouta-t-elle avec un sourire de tigresse.
– Flora Henley. Ravie de faire ta connaissance.
– Parfait, dit Taco, sarcastique. Maintenant, tout le monde se connaît.
– J'imagine que Flora doit encore être fatiguée par le décalage horaire, fit remarquer Evelyn. Il faudra trouver quelqu'un pour la raccompagner, n'est-ce pas Taco ?
L'allusion était tellement évidente que Flora ne put s'empêcher de sourire.
– J'ai promis à mon père de m'occuper d'elle, répondit Taco. Je suis désolé, Evelyn, mais c'est toi qui devras trouver quelqu'un pour te raccompagner si tu veux rester tard.
– Ça ne sera pas trop difficile, susurra-t-elle. J'en connais qui ne demandent pas mieux !
– Écoutez, je ne veux pas vous déranger..., intervint Flora.
– Ne t'inquiète pas, tu ne déranges personne, dit Evelyn. On trouvera bien quelqu'un qui se chargera de toi.
– Je n'ai besoin de personne, merci ! lâcha Flora

d'un ton glacial. J'ai tout ce qu'il me faut en Angleterre.
– Hé ! Ne t'emballe pas ! dit Evelyn en riant. On ne te demande pas de te marier. Je voulais juste te faire rencontrer quelqu'un pendant que tu es ici. Qu'est-ce que tu en dis, Taco ?
– Laisse-la tranquille.
Taco se gara devant une élégante villa. Evelyn et lui sortirent aussitôt et traversèrent la pelouse. Ils ne remarquèrent même pas que Flora était restée dans le camion.
Comme elle s'en voulait d'être venue ! Tout le monde la rejetait ici, et, de toute évidence, Taco se servait d'elle pour provoquer Evelyn.
– Il me semblait bien avoir reconnu le camion, leur cria Anna en les rejoignant. Flora est avec toi, Taco ?
– Bien sûr, dit-il.
– Oh, Flora ! Je suis si contente que tu sois là, dit-elle en l'embrassant comme si elles se connaissaient depuis toujours. Je suis vraiment désolée pour ce matin. Toute la journée, je me suis demandé ce que tu allais penser de nous. Nous avons été odieux avec toi. En plus, le jour de ton arrivée.
Anna la conduisit derrière la villa. À la lumière vacillante des torches de jardin, Flora découvrit

une grande piscine, une petite cabane en bois et un barbecue d'où s'échappait une délicieuse odeur de grillades. Une douzaine de jeunes en jean et T-shirt bavardaient ensemble. Prenant Flora par la main, Anna alla baisser la musique et lança :

– Hé, vous tous, écoutez-moi une minute ! Je voudrais vous présenter Flora. Elle arrive d'Angleterre. Alors, je compte sur vous pour qu'elle se sente vite à l'aise. Compris ? conclut-elle de façon autoritaire.

– Bien, chef ! répondit l'un des garçons en faisant un salut militaire.

C'était un grand brun dont les yeux luisaient à la lumière des torches.

– Tu veux quelque chose à boire, Flora ? demanda-t-il. Je m'appelle William. J'habite ici.

Mais avant que Flora ait pu répondre quoi que ce soit, Anna l'entraîna à l'écart de la piscine.

– Je voulais simplement te souhaiter la bienvenue, Flora. Sandra me manque beaucoup. C'est ma meilleure amie, tu comprends. Avant de partir, elle m'a demandé de veiller sur toi. Tu t'habitueras vite à ta nouvelle vie, tu verras. Dans quelle classe seras-tu ?

– Dans celle de Sandra.

– Oh, alors on sera ensemble. La plupart des gar-

çons et des filles ici sont juniors. Taco, William et deux autres garçons sont seniors. Notre classe est vraiment sympa. Tu vas te plaire, j'en suis sûre.
– Autant que ce matin ? demanda Flora avec un sourire un peu triste.
Anna lui tapota la main :
– N'y pense plus. On ne se moquait pas de toi, tu sais. Cette vieille jument est tellement bizarre ! Elle réagit toujours comme ça quand elle voit de l'eau. Même avec Sandra. Il n'y a que Taco qui arrive à s'en faire obéir. Évidemment peu de gens connaissent les chevaux aussi bien que lui, ajouta-t-elle en le regardant danser avec Evelyn de l'autre côté de la piscine. Il aurait quand même pu te prévenir !
– Oui, dit Flora froidement. Surtout que son père lui avait demandé de seller Traveler pour moi.
– Quoi ? Alors, ça, ça m'étonne. Je me demande pourquoi il a fait ça.
– Oh, tu sais, il a de l'imagination, reprit Flora. Hier soir, il a dit à Maria que j'aimais le chili très relevé.
– Et c'est faux ?
– Je n'en avais jamais goûté. Heureusement que j'ai l'habitude de manger épicé. Mais le chili était si fort que j'ai eu la bouche en feu pendant des heures !

– Je ne comprends pas ce qu'il lui a pris. D'habitude il n'est pas comme ça.
– Il ne veut pas de moi ici, c'est tout.
– C'est vrai qu'il n'aime pas beaucoup les étrangers. Quand il était petit, les West avaient un étudiant en pension chez eux. Je peux te dire que Taco lui menait la vie dure.
– Pourquoi, à ton avis ? demanda Flora.
– Depuis que leur mère est morte, Taco, Sandra et leur père sont très liés. Ils ont Enrique et Maria et ça leur suffit. C'est leur petit monde. Quand le Pr West est parti l'an dernier, Taco a dû s'occuper du ranch avec Enrique. Il se levait à l'aube tous les matins pour nourrir le bétail avant d'aller au lycée. Je pense qu'il en a voulu à son père de l'avoir laissé seul, et maintenant il en veut à Sandra.
– Et il m'en veut d'avoir pris sa place, en déduisit Flora.
Les deux filles échangèrent un sourire.
– Ne t'inquiète pas ! Ça va s'arranger, la rassura Anna. Taco apprécie les jolies filles.
– Je l'ai déjà remarqué, dit Flora.
Enlacée par Taco, Evelyn suivait le rythme de la musique.
– C'est sérieux entre eux ? demanda Flora.
Anna sourit :

– Evelyn aimerait bien, mais Taco tient à son indépendance. Oh, il finira par céder un jour ou l'autre. Evelyn est fille unique et elle est très gâtée. Elle obtient toujours tout ce qu'elle veut. Oh, excuse-moi un instant. William est en train de couper la viande. Il faut que j'aille l'aider.

Flora regarda sa nouvelle amie s'éloigner en réfléchissant à leur conversation. Elle se trouvait des points communs avec Evelyn. Elle était fille unique, gâtée et capricieuse, n'en faisant qu'à sa tête. Simon était si facile à vivre qu'il la laissait prendre toutes les décisions. « Oh, Simon, pensa-t-elle, comme j'aimerais que tu sois là ce soir ! »

– Flora, viens dîner ! appela Anna en lui tendant une assiette en carton.

Bientôt, Flora se retrouva entourée par tous les amis d'Anna. À tour de rôle, ils la questionnaient sur la vie en Angleterre, la mode, les derniers disques de rock...

Alors qu'elle allait se resservir, un garçon aux cheveux noirs, taillé comme un champion de rugby, s'approcha timidement d'elle.

– Salut, heu... Bienvenue au Nouveau-Mexique, balbutia-t-il. Je m'appelle Patrick. Je me disais que Sandra t'avait peut-être transmis un message pour moi. Elle ne m'a pas encore écrit...

C'était donc le fidèle Patrick que Sandra avait décidé de laisser tomber ! Malgré son air embarrassé, il était bien plus beau que Flora l'avait imaginé.
– Elle m'a beaucoup parlé de toi, dit-elle. Mais à ta place, je ne surveillerais pas trop la boîte aux lettres. Sandra n'a même pas encore écrit à son père...
Le visage de Patrick s'illumina :
– Elle t'a parlé de moi ?
– Oui, souvent.
Patrick sourit, soulagé :
– Merci. Tu ne peux pas savoir comme je suis content. C'est dur de voir sa petite amie partir si loin.
« Oui, pensa Flora, c'est dur d'être loin de ceux qu'on aime. »

– Tu as fait sensation ce soir, dit Taco en la raccompagnant.
– Je dois reconnaître que tout le monde a été gentil. C'était très sympa.
Bercée par le ronronnement du moteur, Flora se laissa glisser peu à peu dans une agréable rêverie. Soudain, elle sentit le camion cahoter sur un chemin défoncé, puis s'arrêter brutalement. Elle ouvrit les yeux : elle s'était endormie, la tête sur l'épaule de Taco.

– Excuse-moi, dit-elle en se redressant aussitôt.
– De quoi ?
– Je ne voudrais pas que tu t'imagines...
– Oh, ne t'inquiète pas. Je n'imagine rien, dit-il doucement.
Ils descendirent du camion et rentrèrent dans la maison silencieuse.

Chapitre 6

Malgré l'accueil chaleureux que Flora avait reçu à la soirée, s'adapter à la vie au Nouveau-Mexique n'était pas facile. Et vivre aux côtés de Taco encore moins.

Heureusement, le lycée était agréable. Comme Flora n'était là que pour un an, les professeurs n'exigeaient pas grand-chose d'elle. Après des années de discipline stricte et de contrôles permanents, c'étaient presque des vacances pour elle. Quelques semaines après la rentrée, elle écrivit à Simon :

« Je pense beaucoup à toi et à tes trois heures de travail tous les soirs. Ici, on quitte l'école à 14 h 30, ce qui veut dire que l'après-midi et la soirée sont à nous. Souvent, avec Taco, on va nager dans la piscine des voisins. Je commence à me rendre utile au ranch. Si tu me voyais donner à manger aux poules, ou monter à cheval, tu ne me reconnaîtrais pas ! Je suis maintenant capable de seller Traveler moi-même et je fais de grandes balades. Il y a tellement d'espace ! C'est ce qui surprend le plus. En Angleterre, où que tu ailles, tu n'es jamais seul. Ici, c'est le désert à perte de vue, avec des lièvres et des faucons pour seule compagnie. »

Simon ne tarda pas à lui répondre. « Tu parles d'un certain Taco. C'est quoi, ce nom-là ? »

« Taco est un surnom, lui répondit Flora, amusée. Son vrai nom est Gregory, comme son père. Quand il était petit, il adorait les tacos, et il disait “taco, taco” à tout bout de champ. Au cas où tu ne le saurais pas, un taco est une crêpe de maïs croustillante, farcie de viande, de fromage, de tomate et de sauce épicée. Mais pour en revenir à Taco, tu n'as vraiment pas de souci à te faire : premièrement, sa copine Evelyn est très mignonne, et deuxièmement, il ne semble pas du tout apprécier ma présence. Tout ce qui l'intéresse, c'est monter à cheval et attraper le bétail au lasso. Et moi, je préfère les gens de la ville à ceux de la campagne. Te voilà rassuré ? »

Le courrier mettait une semaine pour arriver. Flora s'ingéniait à écrire des lettres joyeuses et vivantes, même les jours où elle avait le cafard. Apparemment, cela ne devait pas être facile non plus pour Sandra. Dans le premier mot qu'elle lui envoya, elle lui expliquait que la vie à Londres n'était pas rose tous les jours, et qu'elle avait du mal à s'adapter au lycée.

« D'où sortent ces professeurs ? C'est à se demander si ce ne sont pas d'anciens gardiens de la Tour de Londres ! Ça ne fait que deux semaines que je suis ici, et je me suis déjà accrochée avec tout le monde. Mlle Fairbotam me considère comme un élément perturbateur parce que je pose des questions, et la prof de gym m'est tombée dessus parce que je refusais de jouer au hockey dans la tempête. Le mot d'ordre est : discipline, discipline ! En plus, on croule sous le boulot. Sans Simon, je n'y arriverais pas. Il est vraiment sympa. Tous les soirs, il m'aide à faire mes devoirs. Surtout ceux d'histoire. Je ne comprendrais rien sans ses explications. Il m'apprend aussi la guitare et on chante les chansons que vous jouiez ensemble. Il t'embrasse et t'écrira dès qu'il aura terminé son exposé sur la Révolution française. »

Flora relut la lettre attentivement. Ces commentaires sur Simon l'intriguaient. Qu'il soit gentil avec Sandra, c'était normal. Mais est-ce qu'il n'en faisait pas un peu trop ? Quel besoin avait-il de lui donner des cours de guitare, et surtout de lui apprendre leurs chansons ? Rien ne l'obligeait non plus à l'aider à faire ses devoirs tous les soirs. Et qu'il l'embrasse, elle, par l'intermédiaire d'une autre fille, c'était le comble ! D'ailleurs, à quoi jouait Sandra de son côté ? Et si elle-même se mettait à tourner autour de Patrick, juste pour lui rendre la monnaie de sa pièce ? Mais Patrick ne l'intéressait pas. Elle aurait juste voulu que Simon soit triste et perdu sans elle et qu'il attende impatiemment son retour.

Un beau matin, le Pr West décida que Flora devait apprendre à conduire. Taco devait lui servir de moniteur. Le garçon prétexta aussitôt mille excuses pour échapper à cette corvée.

Taco avait raison de se méfier. La première leçon fut un désastre. Flora était si paniquée qu'elle n'arriva même pas à relâcher le frein à main. Quand elle leva le pied de l'embrayage, le camion fit une embardée et cala.
– Tu le fais exprès ou quoi ! s'écria Taco, incapable de dissimuler son agacement. On ne va quand même pas rester ici toute la journée !
– Mais je n'y peux rien, répondit Flora, au bord des larmes. Je n'ai jamais conduit de ma vie.
– Sandra le conduisait à douze ans !
– Eh bien, je ne suis pas Sandra ! Laissons tomber, il vaut mieux.
– Allez, essaie encore une fois. Mais n'oublie pas de lever le pied et d'appuyer sur l'accélérateur en même temps.
Le camion s'ébranla, et cala de nouveau.
– Mais qu'est-ce qu'on conduit en Angleterre, des trottinettes ? demanda Taco.
– Oh, ça va ! cria Flora. Je n'ai pas demandé à apprendre à conduire, et avec toi je ne risque pas d'y arriver.
Elle descendit de la cabine et courut se réfugier dans sa chambre.
– Je le déteste, je le déteste ! fulminait-elle. À quoi ça sert de conduire des camions et de monter des chevaux ? Tout le monde s'en fiche à

Londres. J'en ai assez qu'on se moque de moi à longueur de journée !

Le lendemain matin, Flora proposa à Maria d'aller ramasser les œufs à sa place. Elle était heureuse de se rendre utile, et elle aimait bien l'air frais du petit matin, quand le soleil n'était pas encore trop haut. Tandis qu'elle s'approchait du poulailler, elle aperçut une poule en train de pondre. Elle se mit aussitôt à plat ventre et tendit le bras jusqu'à toucher le corps tiède de la volaille qui s'éloigna en gloussant. Il ne lui restait plus qu'à prendre l'œuf tout chaud en faisant attention aux cactus.

Mais quand elle se releva, elle sentit que son bras la picotait. Il était couvert de petites épines.

Elle essaya de s'en débarrasser en frottant sur sa peau, puis en tirant dessus. Mais son bras devint tout rouge et enfla. Elle courut à la cuisine demander de l'aide.

Maria leva les yeux en l'entendant arriver.

– Ah, te voilà avec de bons œufs frais.

– Oui, mais, en plus des œufs, j'ai attrapé ça, dit Flora, dépitée.

– Oh, là, là, ma pauvre petite ! Mais qu'est-ce qui t'est arrivé ?

– J'ai passé mon bras à travers la haie de cactus

du poulailler. Pourtant j'ai fait attention. Il devait y avoir des épines par terre que je n'ai pas vues.
– Tu ne sais pas que les épines de cactus sautent sur tout ce qui se trouve à leur portée ! Maintenant, c'est toi qui as l'air d'un cactus. Qu'est-ce qu'on va faire ?
– J'espérais que tu le saurais, dit Flora, déçue. Tu crois que je devrais prendre un bain chaud ? Si je dois les enlever à la pince à épiler, j'en ai pour un moment.
– Un bain n'y fera rien, dit Maria. On va demander à Enrique.
Elle l'appela et échangea avec lui quelques mots en espagnol.
Enrique emmena Flora au bord du ruisseau. Là, il prit de la boue qu'il appliqua sur le bras de Flora.
– Ne bouge plus. On va attendre que ça sèche, dit-il.
Flora obéit. Elle avait l'impression que son bras pesait une tonne. Heureusement, l'argile séchait vite. Taco arriva alors au galop.
– Qu'est-ce qu'elle a encore fait ? demanda-t-il à Enrique.
– Elle a passé son bras à travers la haie de cactus.
Taco se tourna vers Flora, consterné. Comment pouvait-on être aussi bête ?

– Eh bien ! Ça va être dur de te garder en vie toute une année ! lança-t-il avant de repartir.
À petits coups de pierre, Enrique fendit la coque d'argile qui se détacha proprement. Toutes les épines étaient restées collées à la boue sèche.
– C'est génial ! s'écria Flora. Merci beaucoup, Enrique. J'ai bien cru être transformée en cactus pour le reste de mes jours.
– L'argile ne sert pas qu'à la construction des maisons. Elle soigne aussi les piqûres d'insectes et permet de se débarrasser des épines de cactus. Allez, file maintenant et fais attention à toi.

Depuis la rentrée des classes, Flora faisait tous les jours le trajet en camion avec Taco. Ce même matin, son petit sourire en coin la fit sortir de ses gonds.
– Tu me prends pour une idiote, n'est-ce pas ? Évidemment, je n'y connais rien en cactus. Mais j'aimerais bien te voir perdu dans la foule à Londres. Là, c'est moi qui rirais !
Taco releva un sourcil et tourna son visage vers elle.
– Je croyais que mon opinion ne t'intéressait pas !
– Non... elle ne... m'intéresse pas, bredouilla Flora, décontenancée par son regard si bleu.

Le sourire du jeune garçon s'élargit.
Et Flora, furieuse contre elle-même, fut bien obligée de reconnaître que l'opinion de Taco comptait bien plus qu'elle ne l'aurait voulu.

Chapitre 7

Septembre et octobre passèrent très vite. L'air du matin était maintenant froid et piquant lorsque Flora sortait ramasser les œufs. Bien que le ciel fût toujours aussi limpide, on sentait l'hiver approcher. Sur la montagne, les trembles avaient revêtu leur manteau d'or.

Flora s'habituait à sa nouvelle vie.

Au lycée, elle s'entendait bien avec tout le monde, même si elle ne s'était liée avec personne en particulier. Anna était gentille, mais elle avait des tas d'amis et ne manquait pas d'occupations.

Flora ne lui en voulait pas. À Londres non plus elle n'avait pas d'amie intime. La seule personne à laquelle elle commençait à s'attacher était Taco : en fait, elle sentait bien que, malgré elle, elle était en train de tomber amoureuse.

Un jour, elle se regarda dans le miroir et ne se reconnut pas. Qu'était devenue la jeune Anglaise maigre au teint blafard ? Son visage était maintenant légèrement hâlé, et ses cheveux pailletés de lumière. Flora observa ses joues d'un œil critique. « C'est bien ma veine, se dit-elle, me voilà couverte de taches de rousseur ! »

Et puis, elle imagina le visage de Taco près du sien, ses yeux bleus rieurs, ses cheveux blonds qui retombaient sur son front. « Laisse-moi tranquille ! grommela-t-elle. Je ne t'aime pas. Tu représentes tout ce que je déteste chez les garçons : la vanité et l'arrogance. »

Elle s'efforça de penser à Simon, si doux, si gentil, mais son image restait trouble. Était-il possible d'aimer et de détester à la fois ?

Se retrouver chaque jour à côté de Taco pendant les repas ou assise près de lui dans le camion, en s'obligeant à rester froide et distante, devenait une torture pour elle. Oh, elle avait bien remarqué qu'il la regardait parfois avec insistance. Mais se souvenait-il de l'avoir embrassée ?

« J'ai peut-être eu tort de le repousser », se dit-elle.

De toute façon, Taco n'avait pas beaucoup de temps à lui consacrer. Le rodéo juniors approchait, et il voulait gagner. Tous les matins avant les cours et tous les soirs il s'entraînait. Et quand il ne s'entraînait pas, il s'enfermait dans sa chambre.

Le jour du rodéo, ils s'y rendirent tous dans la vieille voiture d'Enrique. Taco était parti devant avec le camion, tirant la remorque avec sa monture. Flora avait été surprise par son choix : Bozo était l'un des chevaux les plus âgés du ranch.

– À quoi peut servir Bozo dans un rodéo ? demanda-t-elle.

– C'est un cheval fiable et solide qui a travaillé avec le bétail toute sa vie, expliqua le Pr West. Taco le monte pour l'épreuve du lasso.

– Mais lequel va-t-il monter pour les autres ?

Le professeur sourit :

– Les concurrents tirent au sort leur monture. Chaque candidat participe à trois épreuves. Taco a choisi les chevaux sauvages, le taureau et le lasso.

Quand ils arrivèrent, la foule était déjà amassée sur les gradins autour de la piste. Les odeurs de hot dog, de chili, de pop-corn et de barbe à papa se mêlaient à celle des chevaux. De la musique country s'échappait des haut-parleurs. Tout le monde semblait se connaître.

Puis le silence se fit. L'animateur s'approcha du micro pour présenter le shérif, les membres du service d'ordre et leur escorte. Ils entrèrent en piste sur des chevaux parés de harnais argent et turquoise. Ensuite les concurrents défilèrent pour la parade. Derrière eux, trois clowns jouaient au cerceau avec des roues de charrette.

– Il y a des numéros de clowns entre les épreuves ? s'étonna Flora.

– Ils sont l'élément essentiel du rodéo, expliqua le professeur. Leur tâche est de distraire l'attention du taureau lorsqu'un cavalier est à terre. Tu verras.

Flora se doutait bien qu'un rodéo ne ressemblait pas à un concours hippique anglais. Mais elle ne put s'empêcher de sursauter quand, pour l'épreuve des chevaux sauvages, une grille s'ouvrit brusquement, et qu'un cheval rua en bout de piste. Le jeune cavalier qui le montait essayait tant bien que mal de suivre les contorsions de l'animal, mais, à la quatrième ruade, il fut projeté à terre. La foule siffla et grogna de déception.

– Le cavalier doit rester en selle huit secondes, souffla le professeur.
Huit secondes ! Comment pouvait-on tenir aussi longtemps ? Il fallait être fou pour s'y risquer ! Enfin, ce fut le tour de Taco. Son cheval s'appelait Crazy Harry. D'une main, il le tenait par la bride, de l'autre il battait frénétiquement l'air pour garder l'équilibre. Il suivait parfaitement les mouvements de la bête, se soulevait et retombait en cadence. À le voir, cela semblait presque enfantin, et Flora fut surprise par la sonnerie marquant la fin de l'épreuve.
– Il a été super ! s'exclama-t-elle.
Le Pr West hocha la tête avec fierté :
– Oui, c'est un cavalier hors pair.
Taco avait remporté l'épreuve. Quand il vint saluer le clan West, il avait l'air satisfait.
– C'est bien parti, Taco, l'encouragea son père.
– Tu vas les battre dans chaque épreuve, lui prédit Maria avec un sourire tranquille.
– Est-ce que Dan Johnson est inscrit au tournoi ? demanda Enrique.
Taco fit la grimace :
– Oui.
– Il sera sans doute ton rival le plus sérieux.
– Je vais le battre dans la capture de bœuf au lasso, dit Taco. C'est mon point fort.

– On reste avec toi en attendant la prochaine épreuve, dit son père en se levant.
Flora hésita, ne sachant pas si elle était invitée à les suivre, mais le professeur se tourna vers elle.
– Tu viens, Flora ?
Bozo patientait calmement, indifférent à l'excitation qui régnait autour de lui. Taco l'enfourcha quand son nom retentit dans les haut-parleurs, et, dès que le bœuf fut lâché sur la piste, le cheval partit au galop dans sa direction. Taco se pencha, se laissa glisser de la selle et saisit les cornes de la bête, puis appuyant de tout son poids, la fit tomber au sol. En quelques secondes, il avait enroulé sa corde autour des quatre pattes de l'animal qui resta allongé sur le flanc. Taco sortit de la piste sous les acclamations de la foule.
– J'ai réussi ! cria-t-il. Deux épreuves sur deux !
Tout à sa joie, il souleva Flora et la fit voltiger.
– Il n'y a pas beaucoup de filles qui reçoivent des leçons d'équitation du meilleur cavalier de tout le Nouveau-Mexique, hein ? dit-il.
Puis, comme s'il regrettait son exubérance, il la reposa à terre sans la regarder.
Flora retourna s'asseoir, le cœur chaviré. Devant tous ces gens, c'est elle qu'il avait choisie pour partager son bonheur ! Elle sentait encore ses bras autour d'elle. Tout à sa rêverie, elle suivait

d'un œil distrait la course de barriques des filles, une épreuve d'obstacles contre la montre. Soudain, elle entendit le présentateur hurler :
– Et maintenant, voici miss Evelyn Lampert sur Snowman.
Evelyn, vêtue de noir, entra au galop sur un cheval blanc. Ses cheveux dorés flottaient au vent. Snowman se déplaçait avec une grâce si naturelle et si parfaite entre les barriques qu'on eût dit une rivière coulant entre les rochers. Evelyn remporta la course haut la main. Quelle cavalière exceptionnelle ! « Pourtant, pensa Flora, c'est moi que Taco a serrée dans ses bras quand il a gagné. »
L'épreuve du taureau était la dernière. Taco avait un point d'avance sur Dan Johnson. Quand Flora vit les taureaux foncer sur la piste en s'ébrouant, la peur la saisit. Le premier cavalier fut démonté presque immédiatement. Les clowns se précipitèrent aussitôt à son secours et, agitant leurs larges pantalons, jouèrent habilement avec le taureau jusqu'à ce que, désemparé, l'animal parte en grognant à l'autre bout de la piste.
Taco fit enfin irruption dans l'arène sur un petit taureau nerveux qui sautait en l'air, les quatre sabots à la fois, puis s'enroulait sur lui-même pour déloger son cavalier. À plus d'une reprise,

Taco glissa et faillit tomber, mais il réussit à se maintenir jusqu'à la sonnerie.
C'était à présent au tour de Dan. Les bonds et les ruades de son taureau ne semblaient guère le troubler. Flora reconnut d'ailleurs qu'il montait mieux que Taco. Pourtant, juste avant la sonnerie, le taureau le surprit et se débarrassa de lui d'un coup de tête. Dan roula à terre et sa tête heurta le sol dans un bruit sourd. Le taureau se retourna aussitôt, gratta le sable avec son sabot, prêt à charger. Au même moment, un clown s'élança sur la piste. La bête furieuse fit immédiatement volte-face, mais le clown avait déjà sauté à l'intérieur d'une barrique pour se protéger. Profitant de ces quelques secondes de répit, Dan se releva et avança en titubant vers la barrière pour s'écrouler de nouveau quelques mètres plus loin. La foule retint son souffle. Dan ne bougeait plus et le taureau allait foncer sur lui !
C'est alors que Taco sauta par-dessus la barrière et traversa l'arène en courant, entraînant l'animal, fou de rage, à sa suite, et laissant aux hommes du shérif le temps de dégager Dan de la piste.
Flora n'avait jamais eu aussi peur. Mais elle était si fière ! Taco, son Taco, avait risqué sa vie pour son rival, tel un chevalier du Moyen Âge ! Elle se

levait pour aller le féliciter quand elle vit Evelyn courir vers lui et l'embrasser passionnément.
– J'ai bien cru que tu allais y rester ! dit-elle.
Les larmes aux yeux, Flora se rassit. Comment avait-elle pu être aussi bête ? Grisé par son succès, Taco l'avait prise dans ses bras parce qu'elle se trouvait là, à ce moment. C'était Evelyn sa petite amie. Cette fille avait tout : la beauté, la richesse, et la gloire d'une star de rodéo !

Sur le chemin du retour, Flora fit de gros efforts pour sourire et parler normalement. Oui, Taco et Evelyn étaient tous deux des cavaliers merveilleux. Oui, ils formaient un couple magnifique. Elle devait se rendre à l'évidence. Quand elle put enfin rejoindre sa chambre, une lettre de Simon l'attendait sur le lit. « Oh, Simon ! » pensa-t-elle en caressant tendrement l'enveloppe.

« Ma chère Flora,
J'aurais dû t'écrire depuis longtemps, mais comme tu le sais, nous sommes toujours surchargés de travail, et je n'ai pas beaucoup de temps libre.
Et puis, une autre raison m'a empêché de le faire. J'avais quelque chose à t'avouer, mais je ne savais pas comment m'y prendre. C'est au sujet

de Sandra. Au début, je cherchais à lui rendre la vie agréable, car je savais que tu le désirais. Au bout d'un moment, je me suis mis à apprécier de plus en plus sa compagnie. Tu vas être très surprise, Flora, mais je crois que je suis tombé amoureux d'elle. Et je pense que Sandra éprouve la même chose pour moi. Je ne veux pas te faire de peine, mais il vaut mieux que tu le saches. Tu es toujours une amie pour moi, Flora, et j'espère que tu le resteras. »

Flora reposa lentement la lettre :

– Voilà, maintenant je n'ai plus personne.

Et elle se mit à pleurer.

Chapitre 8

Malgré tous ses efforts, Flora ne réussit pas à dissimuler sa tristesse.

– Tu recommences à picorer comme un moineau, s'inquiéta Maria. Il faut manger, mon petit !

Même le Pr West s'en aperçut. Un soir, il la retint après le dîner :

– Flora, qu'est-ce qui ne va pas ?

– Mais rien, rien du tout ! dit-elle, faussement détendue.

– Tu ne parles presque plus et tu n'as pas l'air heureuse.

– Ce n'est rien, professeur, je vous assure.
Elle n'avait pas l'habitude de discuter de ses sentiments. « Et de toute façon, je ne peux tout de même pas lui avouer que je suis amoureuse de son fils et que je déteste sa fille parce qu'elle m'a volé mon petit ami ! »
– Tu sais que tu peux te confier à moi comme à ton père.
– C'est gentil, merci. Je dois avoir le mal du pays.
– Est-ce à cause de tes camarades ?
– Non, tout va bien.
– Et Taco ? continua le professeur en la regardant attentivement.
Flora sentit le sang lui monter aux joues.
– Ça va, se força-t-elle à répondre en essayant de contenir le tremblement de sa voix.
– Tu sais, Taco ne se lie pas d'amitié facilement, expliqua-t-il gentiment. Par ailleurs, il est beau garçon et il a déjà brisé quelques cœurs ! Alors je me demandais...
– Taco ne risque pas de m'importuner. Il passe tout son temps avec Evelyn. C'est à peine s'il a remarqué mon existence.
– Je vois, dit le Pr West en hochant la tête d'un air entendu. À mon avis, tu manques de compagnie et de distraction. On va arranger ça.

Le lendemain, au dîner, le professeur dit à son fils :
– J'ai parlé au vieux Harry Grant, aujourd'hui. Il a quelques mustangs parqués dans un corral dans Bryce Canyon. Il aimerait que tu y ailles un de ces jours, histoire de voir si on peut en débourrer quelques-uns.
– Quand est-ce qu'il voudrait que je passe ?
– Que dirais-tu de ce week-end ?
– Pas samedi. J'ai promis à Evelyn de l'emmener au cinéma. Mais dimanche, c'est possible. Pourquoi Harry est-il si pressé, au fait ?
– Les pluies ne vont pas tarder, et sa barrière ne résistera pas.
– Pourtant, la météo est encore bonne pour plusieurs semaines.
– Tu connais Harry. Toujours à s'inquiéter ! Et je lui ai promis que tu irais bientôt. Alors, si tu es libre dimanche, c'est parfait.
Taco haussa les épaules, peu convaincu par les arguments de son père.
– D'accord, Papa. Je prends le camion ? C'est trop loin pour y aller à cheval. Sauf si je pars vers cinq ou six heures du matin...
– Prends le camion, c'est plus simple. Oh... et Flora pourrait t'accompagner. Elle n'a jamais vu de canyons.

– Je ne voudrais pas déranger, protesta-t-elle.
– Tu ne dérangeras pas, Flora, répondit le professeur. D'ailleurs, je tiens à ce que tu connaisses notre pays. À deux, le trajet sera plus agréable.
– Elle peut venir si elle veut, déclara Taco de mauvaise grâce. Mais on partira tôt. Il fait chaud dans les canyons, même en automne.

Le dimanche venu, ils partirent dès le lever du soleil. Maria leur avait préparé une énorme glacière avec du poulet rôti, des boissons et des fruits.
– Prends ton chapeau, Flora, recommanda le professeur, et ne quitte pas Taco. On a vite fait de se perdre en plein désert.
– Papa, on ne part que pour la journée ! On ne monte pas une expédition à la recherche de tombes aztèques !
– N'oublie pas que Flora ne connaît pas la région, insista le professeur.
– Ne t'inquiète pas, je te la ramènerai saine et sauve.
– Harry ira peut-être faire un tour au corral vers midi. Mais ce n'est pas sûr, alors ne l'attendez pas.
– D'accord, Papa, lança Taco en prenant le volant.

Le ciel avait la blancheur délicate d'une perle. La radio jouait de vieux airs de country. Au bout de plusieurs dizaines de kilomètres, ils s'engagèrent sur une piste poussiéreuse. Un panneau indiquait : « Ranch de Harry Grant ».

– La route est plutôt mauvaise à partir d'ici, prévint Taco.

Cramponnée à la poignée de la porte, Flora se demanda un instant si elle n'aurait pas dû rester à la maison. Combien de temps pourrait-elle supporter d'être ainsi secouée ? Les montagnes semblaient lointaines, presque inaccessibles.

Taco la vit froncer les sourcils.

– Tu n'as aucune raison d'avoir peur, dit-il. Il n'a pas plu dans les collines et la piste est sèche. Tout ira bien.

– À qui appartiennent les chevaux que nous allons voir ?

– Ce sont des chevaux sauvages. Étant donné qu'ils sont sur les terres de Harry, ils sont à lui. Peut-être acceptera-t-il de m'en vendre un ?

– Tu n'en as pas assez au ranch ?

– Chaque fois que je vois un cheval sauvage, j'ai envie de relever un défi.

– Mais tu ne sauras bientôt plus où les mettre !

– En général, je les vends après les avoir dressés. Une fois dociles, ils ne m'intéressent plus.

La radio se mit à crachoter et à grésiller. Taco l'éteignit.

– Nous sommes trop loin des émetteurs pour capter correctement les ondes, expliqua-t-il.

Au loin, sur la gauche, une rangée d'arbres marquait l'entrée du ranch. Derrière, des broussailles s'étendaient à perte de vue.

– Toutes ces terres sont à Harry Grant ?

– Oui, répondit Taco, comme si c'était la chose la plus normale au monde.

– Il doit être très riche.

– Pas vraiment. Ici, il faut beaucoup de terres pour élever du bétail. Un demi-hectare par vache. On manque d'eau de ce côté du Rio Grande.

À l'est, le soleil éclairait les montagnes. Soudain, toute la vallée s'illumina. La chaîne brun sombre percée de canyons profonds se zébra tout à coup de rouge orangé.

Taco s'arrêta pour consulter une carte.

– Voyons, dit-il. Bryce Canyon devrait être juste en face de l'arroyo. Est-ce que tu le vois ?

– C'est quoi, un arroyo ?

– Un ravin. C'est le lit d'une rivière qui reste à sec une grande partie de l'année.

– Là-bas, à droite, il y a une rangée de buissons, dit Flora. C'est peut-être ça ?

– Allons voir.

Il braqua le volant dans la direction que lui indiquait Flora. Les roues crissèrent dans la poussière. C'était bien l'arroyo. Ses berges de sable rouge tombaient à pic. Ils durent le longer un moment avant de trouver un endroit où passer à gué.

– Comment la rivière a-t-elle pu creuser une gorge aussi profonde si elle est presque toujours à sec ? demanda Flora.

– Quand un orage éclate dans la montagne, l'eau arrive avec une telle force qu'elle peut renverser un camion. Il faut le voir pour le croire.

– Ah..., dit Flora en jetant un coup d'œil aux gros nuages noirs qui s'amassaient au-dessus des montagnes.

– On ne prévoit pas de pluie pour aujourd'hui, la rassura Taco. Tu peux profiter du paysage en toute tranquillité.

Flora se tourna vers lui. Cela faisait plus d'une heure qu'ils bavardaient normalement, sans dispute ni remarques désobligeantes.

Taco roula jusqu'à la première ligne de montagnes. Puis il s'engagea dans une longue vallée étroite qui s'interrompait net au bord d'une falaise. Il arrêta le camion.

– À partir d'ici, on va devoir continuer à pied, dit-il en coupant le moteur.

Flora fut frappée par le silence. C'était à peine si

l'on entendait le souffle léger du vent entre les rochers.

Taco alla chercher une corde et la glacière à l'arrière du camion. Ensemble, ils se dirigèrent vers un étroit canyon où des chevaux sauvages paissaient tranquillement. C'était l'endroit idéal pour les capturer. Il n'y avait aucune issue à part l'entrée de la vallée. Quelqu'un avait grossièrement installé une barrière et fabriqué un abreuvoir dans un vieux bidon.

– Fais attention où tu poses les pieds, la prévint Taco. On va descendre dans les rochers pour s'approcher des chevaux. Et surtout, ne parle pas : cela les effraie.

Ils laissèrent la glacière sous un arbre. Taco descendit le premier. Flora le regarda faire avant de le suivre. Elle n'était plus très sûre d'avoir envie d'approcher un troupeau de chevaux sauvages. Et s'ils prenaient peur et la piétinaient ?

Quand un lézard pointa sa tête derrière un rocher, elle se retint de justesse pour ne pas crier. Taco, lui, continuait d'avancer, sans bruit, humant le vent comme un chien de chasse.

Soudain, il s'immobilisa. Posant un doigt sur sa bouche, il désigna quelques arbres noueux. Tout d'abord, Flora ne vit rien. Puis elle aperçut cinq chevaux dans l'ombre.

– Je vais m'avancer un peu, dit Taco tout doucement. Je voudrais les voir de plus près. Tu peux me suivre, mais ne fais aucun bruit.
Il s'éloigna rapidement. Il se déplaçait silencieusement, tel un félin.
Flora préféra rester sur place. « Je vois très bien, d'ici, se dit-elle. Si je le suis, je risque de trébucher et de faire fuir les chevaux. »
Au bout d'un moment, Taco remonta.
– Il y a un superbe étalon dans le lot, dit-il. J'espère que Harry voudra bien me le laisser. Il y a aussi des poulains de quelques mois. J'en prendrai un si je n'arrive pas à attraper l'étalon. Tu veux t'approcher ?
Face à son enthousiasme, Flora pouvait difficilement refuser. En contrebas, en plus des cinq bêtes qu'elle avait déjà aperçues, deux poulains se reposaient. Taco avait raison : l'étalon était magnifique. C'était un alezan clair à la crinière d'argent. Alors qu'elle s'avançait pour mieux le voir, elle fit rouler des gravillons. Aussitôt, l'animal dressa la tête, averti d'une présence. Il s'ébroua, apeuré, et poussa les juments et les poulains devant lui.
– Allez, viens, lança alors Taco. On les verra bien mieux d'en bas.
– Ce n'est pas dangereux ? demanda Flora.

Taco sourit fièrement :
– J'ai commencé à attraper des chevaux au lasso dès que j'ai su marcher. Je vais te montrer comment on capture un mustang.
Il déroula la corde, en fixa une extrémité à son poignet et courut après les chevaux à grandes foulées. Flora aurait voulu l'arrêter, mais elle savait que tout ce qu'elle pourrait dire ne ferait que l'encourager à prouver sa bravoure.
– Regarde, murmura Taco, il se dirige vers la barrière. Il est intelligent, mais il ne peut pas sauter aussi haut.
Taco s'avança vers les chevaux. Les juments et les poulains s'étaient groupés derrière l'étalon qui attendait, l'oreille dressée, prêt à fuir. Quand il ne fut plus qu'à quelques mètres de lui, Taco lança le lasso. La boucle enserra exactement le cou du cheval. C'était un lancer magnifique. Le mustang se cabra aussitôt. Sans perdre une seconde, Taco courut à la barrière pour y attacher la corde. Mais, contre toute attente, l'animal attaqua. Il s'élança vers le garçon et, d'un coup de sabot à l'épaule, le renversa. Taco hurla de douleur en s'effondrant sur le sol. Entrevoyant une chance de retrouver sa liberté, l'étalon se cabra une nouvelle fois et partit au galop, traînant Taco derrière lui.

Chapitre 9

– Taco ! Taco !
Flora s'élança immédiatement à leur poursuite. Mais comment pourrait-elle rattraper un étalon sauvage ? Taco était peut-être déjà mort ? Pourtant elle continuait, trébuchant contre les pierres, se tordant les pieds, sanglotant.
Au bout d'un moment, elle aperçut Taco. Il était allongé sur la terre rouge, inerte. La corde s'était sans doute rompue, car le cheval avait disparu. Flora se laissa tomber à genoux près de lui. Il avait du sang plein le visage et les bras. Ses vête-

ments étaient déchirés. Il semblait inconscient.
– Oh, Taco, se lamenta-t-elle, s'il te plaît, ne meurs pas.
Elle approcha son visage du sien et sentit la faible respiration du jeune homme contre sa joue. « Qu'est-ce que je vais faire ? s'affola-t-elle. Je ne pourrai jamais le soulever. De toute façon, il ne faut pas le bouger. Il s'est peut-être cassé quelque chose. »
– Je vais aller chercher de l'eau, décida-t-elle à haute voix. Au moins, je pourrai le nettoyer de tout ce sang.
Elle repartit jusqu'à la barrière en courant et trempa son foulard dans le bidon d'eau. Puis elle retourna à l'endroit où ils avaient laissé la glacière. Elle prit une canette de Coca-Cola et rejoignit Taco. Le soleil commençait à taper. Deux grands vautours tournoyaient dans le ciel.
Taco n'avait pas bougé. Flora se pencha vers lui pour s'assurer qu'il respirait toujours.
– Flora ? murmura-t-il.
– Oh, Taco !
– Que s'est-il passé ?
– L'étalon t'a donné un coup de sabot, puis il t'a traîné derrière lui.
– C'est bien ce qui me semblait, réussit-il à dire en grimaçant.

Une fois lavées, ses blessures se révélèrent plutôt moins graves que Flora l'avait craint. C'étaient surtout des égratignures, mais son œil gauche était tuméfié.

– Tu peux bouger ? demanda Flora. Il vaudrait mieux que tu ne restes pas en plein soleil.

– Je ne peux pas remuer l'épaule ni le bras droit. Et j'ai mal quand je respire. J'ai dû me casser des côtes.

– Je vais essayer de te faire de l'ombre.

Elle alla vers l'arbre le plus proche et cassa quelques branches qu'elle planta dans le sol autour de lui, comme des piquets.

– Je vais jusqu'au camion chercher ta veste pour la poser dessus, le renseigna-t-elle. Tu as soif ? J'ai apporté du Coca.

– Je veux bien, merci, dit-il d'une voix lasse.

Flora lui souleva doucement la tête et le fit boire. Au bout de quelques gorgées, Taco ferma les yeux, épuisé.

– Écoute, Taco. Je dois trouver de l'aide. Tu as une idée ?

– La C.B. dans le camion... fréquence un-neuf... Il suffit de dire : cibiste un-neuf... appel urgent...

– D'accord, je reviens tout de suite.

Flora courut jusqu'au camion. Deux ou trois fois, Taco avait utilisé la C.B. devant elle, mais elle

n'avait pas fait attention. Elle regarda la rangée de boutons, affolée.
– Bon. Cherchons d'abord le bouton marche-arrêt. Il y en a forcément un.
Elle souleva une manette, et la radio se mit à grésiller. La fréquence était déjà sur un-neuf. Elle prit le micro comme elle avait vu Taco le faire, et débita nerveusement :
– Cibiste un-neuf, cibiste un-neuf, appel urgent.
Mais le crépitement couvrait sa voix.
– Ça ne marche pas ! s'énerva-t-elle. Il doit pourtant y avoir un bouton pour émettre et un pour recevoir.
Elle finit par les trouver sur le micro. Une fois en mode émission, elle essaya de nouveau.
– Cibiste un-neuf, appel urgent, cibiste un-neuf, appel urgent. Demande secours.
Elle changea de mode et attendit. Même en ajustant parfaitement le son, on n'entendait que des crachotements ininterrompus. Dans un soupir, Flora éteignit la radio et sortit du camion en emportant sa veste et celle de Taco.
Le jeune homme guettait son retour.
– Alors ? demanda-t-il.
Flora secoua la tête.
– Je n'ai entendu que des sons parasites.
– Pas étonnant, on est trop loin. J'espérais seule-

ment qu'il y aurait quelqu'un dans la montagne.
– Et Harry ? Ton père n'a pas dit qu'il viendrait un peu plus tard ?
– Qu'il viendrait peut-être, corrigea Taco.
Son visage se contracta de douleur.
– Tu as mal ? Qu'est-ce que je peux faire ? Je n'ose pas te bouger.
– J'ai soif.
La boîte de Coca était chaude. Flora aida Taco à boire quelques gorgées ; puis il ferma les yeux. Elle le regarda un instant avant d'étaler les vestes sur les branches et de s'asseoir à l'ombre, à côté de lui.
Le soleil était haut à présent. Flora ne s'était jamais sentie aussi seule. Sous la chaleur, les rochers étaient incandescents. Un oiseau de proie plongea de la falaise, resta un instant suspendu dans le ciel, puis reprit son vol plané, les serres refermées.
« Et si Harry ne venait pas ? », songea Flora en promenant son doigt dans la poussière. On ne constaterait leur absence que le soir, et il faudrait attendre le lendemain matin pour entreprendre des recherches. L'état de Taco lui paraissait critique. Survivrait-il à une nuit dans le désert ?
– Flora, appela doucement Taco. Je suis désolé pour tout ce qui s'est passé. Tu es une fille super.

– Merci, Taco, mais tu n'as pas à t'excuser.
Taco sourit faiblement :
– Quelle heure est-il ? Ma montre est cassée.
– Presque trois heures.
– Harry ne viendra plus.
Flora savait ce qui lui restait à faire. Elle y avait déjà vaguement pensé, mais s'était empressée de repousser cette idée. Maintenant elle n'avait plus le choix.
– Je vais prendre le camion et aller chercher de l'aide, déclara-t-elle.
– Mais tu n'as jamais pu le faire avancer ! protesta Taco. Et même si, par chance, tu y arrives, tu risques de te perdre.
– Tu as une autre suggestion ? lâcha-t-elle, vexée qu'il ait exprimé tout haut ses propres craintes. On ne peut pas rester ici à attendre indéfiniment que quelqu'un nous trouve ! Je vais y aller, Taco. Je ne me servirai peut-être pas de toutes les vitesses, mais je ferai avancer ce fichu camion. Pour rejoindre le ranch de Harry, il suffit de suivre la piste dans l'autre sens, et de garder la direction du soleil couchant, n'est-ce pas ? Ne t'inquiète pas, j'y arriverai.
Il lui agrippa les mains.
– D'accord, vas-y. La clé est dans la poche de ma veste. Sois prudente !

Flora se pencha et l'embrassa sur la joue.
– Tu m'embrasses maintenant ? s'étonna Taco en souriant.
– C'est un baiser purement professionnel : d'infirmière à patient.
– Alors, j'attendrai d'être rétabli pour un baiser moins professionnel. Dans mon état, ce ne serait pas raisonnable.
– Je reviens le plus vite possible, murmura Flora.
Il faisait une chaleur étouffante dans la cabine du camion. Flora s'assit au volant et, rassemblant tout son courage, engagea la clé de contact. Mais elle tremblait tellement qu'elle dut s'y reprendre à deux fois. Peu à peu, les leçons de Taco lui revinrent à l'esprit : le moteur qui calait systématiquement et Taco qui criait. Comme elle aurait aimé l'entendre crier à côté d'elle en ce moment ! Elle tourna la clé et posa le pied sur l'accélérateur. Le moteur se mit aussitôt à ronronner.
« Bien. Maintenant embraie et passe la première, se dit-elle. Puis abaisse le frein à main tout en lâchant l'embrayage et en accélérant en même temps. »
À son grand étonnement, le camion avança. Sans perdre une seconde, elle rejoignit la piste en prenant soin de rouler exactement dans les empreintes qu'avait laissées Taco à l'aller. Elle

était si concentrée sur sa conduite qu'elle ne pouvait pas passer la seconde. Tant pis. Elle roulait et c'était ça qui comptait. Tout à coup, elle aperçut au loin des nuages noirs qui se formaient au-dessus des montagnes. Si un orage éclatait, c'était sûr, Taco ne résisterait pas à une nuit dehors.
Après plusieurs kilomètres, la ligne sombre de l'arroyo apparut enfin. Le visage dégoulinant de sueur, Flora commença à descendre lentement la pente raide de la rive quand elle sentit le camion lui échapper. Prise de panique, elle freina brusquement et cala avant de continuer en roue libre jusqu'au lit de la rivière où le camion s'arrêta dans un silence angoissant. Flora remit le contact en croisant les doigts.
– S'il te plaît, gentil camion, redémarre !
Le moteur toussota, puis cala de nouveau.
– Qu'est-ce qui se passe ? Pourquoi ça ne marche plus ?
Les nuages s'amoncelaient au-dessus d'elle. Se souvenant des paroles de Taco, et des pluies torrentielles qui pouvaient emporter un camion, elle tourna à nouveau la clé et appuya à fond sur l'accélérateur. Le moteur gémit, couina... et cala quelques secondes plus tard.
Au troisième essai, il s'emballa enfin. Flora

s'empressa de passer la première. Elle posait son pied bien à plat sur la pédale quand elle entendit les roues arrière patiner. Le véhicule s'était enlisé dans le sable de la rivière !
Elle releva le pied et le reposa, plus doucement cette fois. Le camion se mit enfin à avancer et Flora gagna l'autre rive. Elle avait réussi !

Moins d'une heure plus tard, elle arrêtait le véhicule devant le ranch de Harry Grant. Et avant la tombée de la nuit, un groupe d'hommes ramenait Taco sur un brancard et le conduisait à l'hôpital. Quand Harry déposa Flora, étourdie de fatigue, chez les West, elle trouva la maison vide. Ils étaient tous allés au chevet de Taco. Finalement, ce n'était pas plus mal. Flora était trop bouleversée par les événements de la journée pour parler. Elle avala un morceau de pain avec un bout de fromage et alla se coucher. Cette nuit-là, elle ne mit pas longtemps à s'endormir.

Le lendemain matin, le Pr West la conduisit au lycée. À peine avait-elle passé l'entrée qu'elle fut assaillie par un groupe d'élèves.
– Comment va Taco ? Est-ce qu'il va s'en tirer ? C'est vrai qu'il s'est fait traîner par un cheval sauvage ?

Flora répondit aux questions patiemment, se demandant comment ils avaient pu être mis au courant.

– Si je comprends bien, tu es une héroïne, déclara William.

Puis, se tournant vers les autres, il ajouta :

– Le docteur dit que Taco serait mort sans elle.

En peu de temps, tout le lycée fut au courant, et Flora devint la fille qui avait sauvé Taco West. Certes, ces chuchotements sur son passage étaient embarrassants, mais c'était agréable aussi. Bien plus agréable que d'être regardée comme la nouvelle qui ne fait rien comme les autres.

À l'heure du déjeuner, le professeur vint la chercher.

– Taco voudrait te voir, Flora. Je lui ai promis de te conduire à l'hôpital.

C'est un Taco bien pâle et au visage meurtri qu'elle trouva allongé sur un lit tout blanc. Son bras droit était plâtré jusqu'à l'épaule. Flora s'approcha sur la pointe des pieds. Taco ouvrit les yeux et lui sourit.

– Salut, dit-il. Je suis content que tu sois venue.

– Comment te sens-tu ?

– Pas trop mal. Mais on m'a fait tellement de piqûres que j'ai l'impression d'être une passoire.

– Tu t'es cassé le bras ?
– Oui, et quelques côtes. Sans compter les bleus. Oh, et puis je me suis déboîté l'épaule aussi. Le docteur dit que j'ai eu beaucoup de chance.
– Oui, sans doute. Quand j'ai vu ce cheval t'emporter, j'ai pensé qu'il allait te réduire en bouillie.
Taco contemplait par la fenêtre le feuillage rouge d'un grand érable qui s'agitait dans le vent.
– C'est bizarre, mais je ne me rappelle rien. Je me souviens d'avoir attrapé le cheval au lasso et de m'être senti piégé quand il s'est mis à ruer. Puis, c'est le trou noir jusqu'au moment où tu m'as passé de l'eau sur le visage. Et tu sais le plus drôle ? Un moment, j'ai cru que c'était ma mère qui me lavait. Je détestais ça quand j'étais petit, et j'allais lui dire : « Arrête, maman », quand j'ai repris conscience.
Les yeux bleus de Taco semblaient étonnamment brillants.
– Je n'ai pas rêvé d'elle depuis des années, continua-t-il. Ta main est aussi douce que la sienne.
Taco se tut brusquement comme s'il avait honte de s'être montré aussi sensible. Flora comprit que sa dureté n'était qu'une apparence. Comme elle avait envie de le prendre dans ses bras...
– Flora, je voulais te dire autre chose, reprit-il, le

regard toujours lointain. C'est pour ça que j'ai demandé à papa d'aller te chercher. Quand je me suis retrouvé seul après ton départ, j'ai eu très peur. Non pas que tu ne reviennes pas et que je meure, non. Je me faisais du souci pour toi ! Et si le camion se renversait ? Et si tu te perdais ?
Il y eut un silence. Un oiseau se posa sur la branche de l'érable. Il ébouriffa ses plumes et lança un pépiement aigu.
– Flora ? demanda Taco. Tu parlais sérieusement l'autre jour ?
– Quand ça ?
– Quand tu m'as dit que tu ne voudrais pas de moi, même si j'étais le dernier garçon sur terre ?
– Au contraire. J'aurais voulu que tu m'aimes dès notre première rencontre. Mais tu ne faisais que te moquer de moi.
Il y eut un nouveau silence, à peine troublé par le cliquetis d'un chariot passant dans le couloir.
– C'est bête, dit enfin Taco. On a perdu tellement de temps ! Je ne voulais pas de toi chez nous. Tu venais de Londres, et je croyais que tu allais nous mépriser. Alors, pour éviter tes moqueries, j'ai attaqué le premier.
– C'était très réussi.
– Je t'ai pris pour une fille de la ville, incapable de te débrouiller, continua Taco. Je me suis

trompé. Je ne connais pas beaucoup de filles qui auraient eu autant de cran que toi hier.

Flora ne savait plus trop comment prendre ces compliments.

– Taco, il faut que j'y aille si je ne veux pas être en retard.

– Bien sûr. Tu viendras me voir après les cours ?

– Si tu veux.

– Je le veux ! Et quand je sortirai d'ici, on fera comme si on venait de se rencontrer ? Enfin, si tu veux.

– Je le veux ! répéta Flora en souriant. Mais je me demande si toutes ces piqûres ne t'ont pas rendu sentimental. Quand tu rentreras, tu redeviendras méchant, comme avant.

– Mais je ne suis pas méchant d'habitude, sauf pour rire ! Allez, à tout à l'heure.

– À tout à l'heure.

Chapitre 10

Taco resta à l'hôpital presque deux semaines. Flora allait le voir tous les jours. À chaque visite, elle le trouvait plus en forme, et le Taco tranquille, sensible et rêveur redevint vite un boute-en-train infatigable. Les infirmières avaient de plus en plus de mal à s'occuper de lui – il s'agitait trop, refusait de prendre ses médicaments –, et quand enfin il rentra chez lui, elles ne purent s'empêcher de pousser un soupir de soulagement. Seule Flora regretta cette période où elle était seule avec lui dans sa petite chambre blanche.

Là, ils pouvaient parler de sujets qu'ils n'auraient abordés nulle part ailleurs. Là, ils avaient appris à mieux se connaître.

Si quelques-uns de ses camarades du lycée étaient venus régulièrement, Evelyn, elle, ne s'était jamais montrée. Au début, Taco ne prononça même pas son nom. Flora ne savait pas si elle devait s'en réjouir. Un jour, à l'école, Evelyn lui demanda des nouvelles :

– Comment va mon Taco ?

Flora faillit lui faire remarquer qu'il ne lui appartenait pas, mais elle jugea plus prudent de répondre poliment :

– Il va très bien, merci pour lui.

– Dis-lui de se dépêcher de sortir de cet hôpital !

– Il fait ce qu'il peut. Mais va le voir, ça lui fera plaisir.

– Moi ? Aller à l'hôpital ? J'ai horreur de ces endroits-là ! Ça me donne la chair de poule rien que d'y penser. Tous ces gens malades allongés dans des lits. Beurk ! J'irai le voir dès qu'il sera rentré au ranch. Oh, et embrasse-le bien fort de ma part !

– Tu peux y compter, dit Flora, et elle fit demi-tour.

Les yeux arrondis de surprise, Evelyn la regarda s'éloigner.

Le soir même, Flora embrassa Taco sur la joue en arrivant.
– De la part d'Evelyn, dit-elle.
– Evelyn ? Dans ce cas, tu te trompes. Evelyn ne m'aurait certainement pas embrassé sur la joue. Elle est beaucoup plus directe.
Sur ces mots, il saisit le poignet de Flora et l'attira vers lui. Mais un aide-soignant entra.
– De toute façon, Evelyn n'est jamais là quand j'ai besoin d'elle, déclara Taco avec un regard de défi.
– Elle n'aime pas les hôpitaux.
– Miss Evelyn Lampert n'aime pas ce qui la dérange, grommela-t-il. Si elle avait été à ta place dans Bryce Canyon, elle serait repartie sans moi.
Flora observa Taco d'un air songeur. Que voulait-il dire par là ?

Taco quitta l'hôpital pour les fêtes de Thanksgiving et retrouva vite son comportement habituel. Comme il ne pouvait ni monter à cheval ni faire grand-chose dans la maison, il passait son temps à asticoter tout le monde, expliquant à Maria comment cuisiner, et à Enrique comment tenir un ranch. Il n'avait changé d'attitude qu'avec Flora : il se conduisait en grand frère.

Mais Flora ne voulait pas d'un frère. De toute façon, ils avaient rarement l'occasion de se retrouver seuls, et quand, par hasard, ils l'étaient, ils se sentaient très vite gênés.
Peu de temps après son retour à la maison, Flora reçut une lettre de Sandra. C'était la première depuis les aveux de Simon. Taco entra dans sa chambre au moment où elle s'apprêtait à la lire.
– Ne me dis pas que ma sœur s'est enfin décidée à écrire. Je la croyais définitivement perdue dans Londres. Que raconte-t-elle ?
– Je ne sais pas encore.
– Eh bien, lis à haute voix, comme ça on en profitera tous les deux.
Flora hésita. Elle n'avait confié à personne ce qui s'était passé entre Sandra et Simon, et elle n'avait certainement pas envie que Taco soit au courant. Mais voyant qu'il attendait de pied ferme, elle se résigna et commença à lire.

« Salut, Flora !
Excuse-moi de ne pas t'avoir écrit plus tôt, mais j'avais peur que tu m'en veuilles. »

– Qu'est-ce qu'elle veut dire ? interrompit Taco.
– C'est personnel.
– Bon, ça va, continue.

« J'espère que tu t'amuses bien au Nouveau-Mexique. Ici ce serait parfait sans tous ces devoirs. Et le froid ! Chez nous aussi il fait froid en hiver, mais ce n'est pas pareil. Honnêtement, je dois avouer que je n'ai jamais eu aussi froid de ma vie. Quand ton père dit qu'il fait doux le matin, j'enfile des collants et deux pull-overs ! Heureusement qu'on a des bouillottes pour aller se coucher. J'apprends aussi à me couvrir pour dormir. Des techniques de survie, quoi !
Simon est très gentil avec moi. Il m'a fait visiter plein d'endroits que je n'aurais jamais dénichés sans lui, et il... »

Flora arrêta sa lecture et replia la lettre.
– Il n'y a plus rien d'intéressant.
Taco lui prit aussitôt la feuille des mains.
– Arrête, Taco ! Le reste ne te regarde pas !
Taco la repoussa de son bras valide. Il finit de lire la lettre avant de la lui rendre.
– Qui est ce Simon ? demanda-t-il.
Flora tourna la tête.
– C'était mon petit ami.
– Oh, je vois ! Sandra te l'a piqué.
– On dirait.
– Ça te fait de la peine ?
Elle leva les yeux avant de répondre :

– Je suppose que mon orgueil en a pris un coup.
– Tu es malheureuse ?
– Non, plus maintenant.
– Je ne savais pas. Nous sommes vraiment pénibles dans la famille, n'est-ce pas ?
– Très pénibles.
Et elle partit en courant pour finir de lire sa lettre tranquillement...

Le lendemain, la journée s'annonçait magnifique, aussi douce et lumineuse qu'un été anglais. Le Pr West proposa à Taco et à Flora de les conduire à la réserve indienne des Zunis.
– Je n'ai pas l'impression que Noël approche, remarqua Flora sur le chemin. On se croirait encore au printemps.
– Méfie-toi quand même, l'avertit le professeur. Le temps change très vite. Attends-toi un beau jour à te réveiller sous trente centimètres de neige.
– C'est bête, mais je ne pourrai pas vous aider à nourrir le bétail, dit Taco, malicieux. Le docteur m'a dit de ne pas mouiller mon plâtre.
Flora, qui s'attendait à voir des tipis, fut plutôt déçue quand le professeur s'arrêta devant une caravane moderne équipée d'une antenne parabolique. C'était ça, la réserve indienne ?

Une fille à la peau brune, vêtue d'un jean et d'un sweat-shirt rouge, sortit en entendant la voiture.
– Oh, bonjour, professeur. Je cours chercher David. Il installe le générateur.
– Ne le dérange pas, Celia. Nous sommes juste venus voir les bijoux. Je te présente Flora. Elle voudrait envoyer un cadeau à ses parents pour Noël. Ils habitent Londres.
– Mais certainement, entrez donc.
Elle ouvrit une porte au bout de la caravane et ils pénétrèrent dans une petite pièce. Celia leur montra les casiers remplis de superbes bijoux en argent. Flora fut immédiatement attirée par un collier, mais comme il coûtait plus de deux cents dollars, elle se contenta d'une paire de boutons de manchette pour son père et d'une bague pour sa mère.
Taco, lui, contemplait un bracelet très original, composé de plusieurs rangées de turquoises et de corail, montées sur argent.
– Comment le trouves-tu ? demanda-t-il à Flora.
– Très joli.
– Oui, c'est aussi mon avis, dit-il en le reposant.
Flora paya ses achats et retourna au camion avec Taco.
– Oh, attends une seconde, dit-il. J'ai oublié de demander quelque chose à Celia.

« Est-ce qu'il serait par hasard retourné au magasin pour ce bracelet ? se demanda Flora avec espoir. Il veut peut-être me l'offrir ? »
Ses illusions s'envolèrent en fumée quand, le lundi matin, elle croisa Evelyn aux toilettes.
– Il paraît que vous êtes allés à la réserve des Zunis, fit-elle d'un air détaché en sortant une brosse à cheveux de son sac. Est-ce que par hasard Taco aurait acheté un bracelet ?
– Je n'en ai pas la moindre idée.
En disant cela, Flora se sentit rougir.
– Je lui ai pourtant laissé entendre plusieurs fois que je voulais un bracelet zuni. Taco ne s'est pas beaucoup occupé de moi ces derniers temps. Je sais bien qu'il ne peut plus conduire, mais ce n'est pas une raison. Enfin ! Je vais devoir aller au bal de Noël avec Billy Peterson. Je ne peux quand même pas danser avec un garçon qui a un bras dans le plâtre !
Flora sentit la colère monter en elle.
– Tu es vraiment gonflée ! s'exclama-t-elle. Combien de fois as-tu rendu visite à Taco quand il était à l'hôpital ? Pas une seule ! Et tu voudrais qu'en plus il t'ait acheté un bracelet ! Si je sortais avec un garçon comme lui, je t'assure que, bras dans le plâtre ou pas, je ne le quitterais pas !
Evelyn la dévisagea avec dédain.

– Oui, bien sûr... Le problème, c'est que tu ne sors pas avec lui, déclara-t-elle d'un ton hautain. À ta place, je ne me mêlerais pas des affaires des autres.
Et elle sortit, laissant Flora aussi malheureuse et déboussolée que le jour du rodéo.
« Elle a raison. Je la déteste, mais elle a raison, se dit-elle. Taco est gentil avec moi, mais ça ne veut pas dire qu'Evelyn n'existe plus pour lui. Je me suis encore fait des idées. Comment pourrait-il être amoureux de moi ? Pour lui, je ne suis qu'une deuxième petite sœur. Après tout, il ne m'a embrassée qu'une seule fois. »

– Ça vous dirait d'aller aux luminarios ? proposa le Pr West un soir.
– Oh, oui ! s'exclama Taco.
– Est-ce que ça a quelque chose à voir avec les arroyos et les bosques ? demanda Flora.
Taco éclata de rire :
– Pas du tout. C'est typique d'Albuquerque.
– C'est dangereux ?
– C'est toujours dangereux de se retrouver seule dans le noir avec moi, répliqua Taco en plaisantant. Alors, ça te tente ?
– Et comment ! répondit Flora, jouant le jeu.
Pendant le trajet jusqu'à Albuquerque, Flora

essaya d'en savoir plus. Était-ce un rodéo ? Une fête ? Mais ni Taco ni le professeur ne lui répondirent. Comme ils approchaient de la ville, elle s'exclama tout à coup, émerveillée.
– Oh, qu'est-ce que c'est ?
Albuquerque était illuminée comme un énorme arbre de Noël.
– Les luminarios, répondit Taco. Papa, tu peux nous laisser ici, on continuera à pied.
Ils descendirent du camion.
– Alors ? demanda Taco.
– C'est fantastique, dit Flora. Mais comment ont-ils fait ?
– Ce sont des bougies enfoncées dans du sable.
Flora avait l'impression de se trouver dans un pays imaginaire. Sur chaque carré de pelouse, le long de chaque allée, au bord de chaque toit et sous chaque porche, des milliers de flammes brillaient.
– C'est une coutume américaine ?
– Non, c'est une tradition qui vient du Mexique.
– À Londres aussi, on allume des bougies à Noël, mais je n'ai jamais rien vu d'aussi beau !
Ils suivirent une procession aux flambeaux en chantant des cantiques de Noël, puis Taco s'écarta de la foule et entraîna Flora près d'une

fontaine illuminée. Des centaines de bougies flottaient sur l'eau.
– Asseyons-nous un moment, dit Taco en se dirigeant vers un banc. Écoute le silence. On ne se croirait pas en ville, hein ?
– Non. À la maison ce n'est jamais...
Mais Flora n'eut pas le temps de terminer sa phrase. Le vent s'était levé et de minuscules gouttelettes d'eau se rabattirent sur eux.
– Taco, lève-toi ! s'écria Flora. Tu vas mouiller ton plâtre !
Mais le jeune homme ne bougea pas. Il la dévisageait d'un air songeur.
– Tu sais quoi ? dit-il enfin. Je crois que je suis en train de tomber amoureux de toi.
Et sans attendre sa réaction, il se pencha vers elle en murmurant :
– Tu ne me repousseras pas, cette fois ?
Les petites flammes des bougies dansaient au fond de ses yeux. Flora secoua la tête. Oh non, elle ne le repousserait pas !

Chapitre 11

Flora s'étira en bâillant et ouvrit les yeux. Quelque chose avait changé. La lumière qui baignait la pièce n'était plus la même. Le silence au-dehors non plus. Elle regarda sa montre. Il était sept heures. D'habitude, Maria et Enrique s'activaient déjà dans la maison. Que se passait-il ? Mais bien sûr ! C'était Noël, et ils étaient partis pour la journée chez leurs enfants. Elle courut aussitôt à la fenêtre et poussa un cri de joie. Son rêve s'était réalisé : il avait neigé pendant la nuit. « Super ! se dit-elle. Noël sous la neige, c'est encore plus beau ! » Elle retourna sous les couvertures et songea avec délice à la journée qui l'attendait.

Maria avait tout préparé avant son départ, si bien que Flora n'avait plus qu'à mettre la dinde au four. Elle se sentait tellement heureuse ! Taco l'aimait, il le lui avait dit. Si elle avait cru être amoureuse de Simon, elle se rendait compte à présent qu'il n'avait jamais occupé ses pensées et ses rêves comme Taco. Noël avec Taco ! Ils s'assiéraient devant la cheminée, près du sapin, tout brillant de lumières et de guirlandes...

Flora entendit le Pr West dans le couloir. Et si elle se levait pour l'aider à préparer le petit déjeuner ? Les pas se rapprochèrent de sa porte.

– Flora ? Tu es réveillée ? appela le professeur.

– Oui.

Elle enfila sa robe de chambre et courut ouvrir.

– Joyeux Noël, professeur !

Mais elle s'arrêta net en le voyant en bottes et en anorak.

– Il y a un problème ?

Il sourit :

– Non, pas vraiment. Seulement... Ça m'embête de te demander ça le matin de Noël, mais je vais avoir besoin d'un coup de main. Comme tu vois, il neige. Enrique n'est pas là, et il faut nourrir le

bétail. Je préférerais que Taco ne sorte pas avec son plâtre.
– Bien sûr. J'arrive tout de suite.

Dehors, les flocons tourbillonnaient doucement tandis que la neige glacée crissait sous leurs pas. Ils chargèrent le camion de fourrage et se mirent à sillonner le ranch. Les bêtes attendaient patiemment dans le froid. De fins nuages de vapeur montaient de leurs naseaux. Dès que le camion s'arrêtait, Flora leur jetait du foin. À force de soulever et de lancer ces grosses balles, elle eut vite chaud. Quand ils rentrèrent à la maison, elle avait les joues rouges, et du givre était resté accroché à ses cils.
– Voilà une bonne chose de faite ! dit le professeur en laissant ses bottes sous le porche. J'espère que Taco nous aura fait du café.
– J'ai fait mieux que ça ! lança celui-ci de la cuisine. Je vous ai préparé des œufs au bacon.
– Super ! s'exclama Flora en retirant ses vêtements mouillés. Je meurs de faim.
– Flora, s'écria le professeur, on devrait te garder ici pour toujours. Tu as une très bonne influence sur mon fils.
– Pourquoi pas ! répliqua Taco.
– Peut-être que Sandra ne serait pas d'accord, dit

Flora en riant. Oh, et puis ne parlons pas de mon départ sinon je vais déprimer.

Après le petit déjeuner, les parents de Flora appelèrent. La ligne était tellement claire que Flora aurait pu croire qu'ils étaient dans la pièce à côté.
Puis Sandra vint lui parler. Le Pr West et Taco mirent le haut-parleur pour se joindre à la conversation. Flora, qui appréhendait légèrement ce moment, fut surprise du plaisir qu'elle eut à l'entendre.
– Flora ! Ça va ? demanda Sandra.
– Très bien. Et toi ?
– Oui. On est allés voir les vitrines animées à Oxford Street. C'était tellement beau ! J'avais l'impression d'être à Disneyland. Tu ne m'avais pas dit que le sapin de Noël de Trafalgar Square était aussi grand. Si tu le voyais ! C'est magnifique. Et tous ces petits chanteurs dans les rues. Ils sont adorables. Il y en a plein qui sont venus frapper à notre porte. Et je ne te parle pas de ce que j'ai mangé ! Du plumpudding, des cakes aux fruits confits, des tourtes à la viande, des roulés à la saucisse... Et toi ? Raconte... Est-ce que tu arrives à supporter Taco ? Il est toujours aussi pénible ?

– Toujours ! dit Flora.
– Ce n'est pas vrai ! l'interrompit Taco. Ce n'est pas ma faute si elle ne sait pas monter à cheval et qu'elle se pique aux cactus ! ajouta-t-il en lui tapotant affectueusement la joue.
– Attends qu'on ait des téléphones vidéo, lui souffla-t-elle. Quoi, Sandra ? Non, non, je ne te parlais pas. C'est ton frère qui m'embête. D'ailleurs, je te le passe.
Et elle lui tendit le combiné en riant.

Le soir, le Pr West fit un grand feu dans la cheminée et ils échangèrent leurs cadeaux. Jamais Flora ne mit autant d'empressement à ouvrir le sien. Le bracelet zuni ! Taco lui avait offert le bracelet zuni ! Celui que voulait Evelyn ! Elle le mit aussitôt à son poignet, rayonnante de joie.
Un peu plus tard, elle se retrouva seule avec lui dans le salon. Elle alla à la fenêtre et regarda dehors. Le croissant de lune était suspendu au-dessus des collines.
Taco vint à côté d'elle.
– C'est une nuit parfaite, dit-elle en se tournant vers lui.
Il l'embrassa tendrement et ajouta :
– La plus parfaite des nuits de Noël.
– Et Evelyn ? voulut savoir Flora.

– Quoi, Evelyn ?
– C'est fini ?
– Oui.
– Est-ce qu'elle le sait ?
– Si elle ne le sait pas, elle l'apprendra bien assez tôt.

Dès la rentrée de janvier, Evelyn fut effectivement mise au courant. D'abord, elle fit mine de s'en moquer. Elle ne quittait plus Billy Peterson, le champion de basket-ball qui l'avait escortée au bal de Noël, et quand Flora et Taco passaient près d'elle, elle levait à peine les yeux. Pourtant, Flora sentait qu'elle n'était pas aussi indifférente qu'elle le laissait paraître, et que les représailles ne tarderaient pas.
Un jour, au vestiaire, alors qu'elle se changeait pour la gym, Evelyn déclara d'une voix forte :
– Taco a toujours été paresseux. Alors pourquoi chercher une petite amie ailleurs quand on a une groupie sur place ?
Les filles se tournèrent vers Flora et éclatèrent de rire.

– Ne t'en fais pas, la consola Taco plus tard. Elle est jalouse, c'est tout.
Le printemps arrivait doucement. Un jour où

Flora contemplait les sommets enneigés des montagnes assise sur un banc dans la cour du lycée, Anna vint s'asseoir à côté d'elle.
– Tu es toute seule aujourd'hui ?
– Taco est parti chez le kinésithérapeute, et Evelyn a installé son quartier général à la cafétéria. Alors je préfère rester dehors.
– Justement, je voulais te parler d'Evelyn.
– Oh, j'ai bien compris le message. Elle veut récupérer Taco. Ce n'est pas difficile à deviner.
– Je me méfierais si j'étais toi. Evelyn n'aime pas qu'on se mette en travers de son chemin.
– Ne t'inquiète pas, Anna. Elle finira bien par me laisser tranquille.
– Je ne sais pas...
Flora la regarda en souriant :
– Tu crois qu'elle va me tirer dessus avec une carabine ? On a beau être au Far West, on ne joue pas dans un western !
– Écoute, continua Anna en baissant la voix. Il paraît qu'Evelyn prépare un mauvais coup pour te forcer à rentrer chez toi.
– Tu crois que c'est sérieux ?
– C'est que..., commença Anna d'une voix hésitante, il y a déjà eu une histoire. Il y a longtemps. C'était à l'école primaire. Evelyn et une autre fille se disputaient pour conduire la fanfare dans

une parade. Quelques jours avant le défilé, pendant le cours de gym, la fille est tombée des barres parallèles et s'est tordu la cheville.
– Ce genre d'accident arrive souvent, commenta Flora.
– Oui, mais par la suite j'ai appris que quelqu'un avait retiré la goupille de la barre, juste avant...
Flora frissonna.
– Merci, Anna. Je serai prudente. Mais si Evelyn peut avoir tous les garçons qu'elle veut, pourquoi fait-elle tant d'histoires ?
– Parce que c'est elle qui laisse tomber les garçons quand elle en a assez, pas l'inverse. Et elle n'en avait pas encore assez de Taco.

Flora oublia les avertissements d'Anna jusqu'à la randonnée dans la montagne. Chaque printemps, le Pr West organisait une sortie sur un vieux site indien et emmenait huit élèves qui étudiaient l'histoire et l'écologie. Flora se faisait une joie d'y participer jusqu'au moment où elle apprit qu'Evelyn s'était inscrite à l'excursion. Profiterait-elle de ce week-end pour mettre son plan à exécution ?
À peine arrivés au campement, tous s'affairèrent. Flora alla chercher de l'eau à la source, puis aida à allumer le feu et à préparer le dîner.

Pendant le repas, le Pr West raconta l'histoire de la cité du ciel que les Indiens avaient construite... Ils y grimperaient le lendemain. Puis tout le monde se prépara pour la nuit. En revenant de la rivière où elle était allée se laver les dents, Flora entendit des voix dans l'obscurité.

– Allez, disait Evelyn, embrasse-moi. Tu sais, je me suis vraiment ennuyée sans toi.

– Apparemment, tu n'as pas perdu ton temps, répondit Taco.

Flora tendit l'oreille.

– Tu parles de Billy Peterson ? C'était juste en attendant que tu te fatigues de cette... Comment s'appelle-t-elle déjà ?

– Tu sais très bien comment elle s'appelle. Et je ne suis pas prêt d'être fatigué d'elle.

– Oh, ça ne tardera pas ! Elle n'est pas comme nous, Taco. Ce n'est qu'une petite chose fragile, avec un adorable accent anglais.

– Elle est bien plus solide que tu le crois. Et elle est venue me rendre visite à l'hôpital tous les jours. Tu ne peux pas en dire autant.

– Mais, Taco, tu sais bien que j'ai horreur du sang et des hôpitaux !

– Evelyn, quand comprendras-tu que c'est fini entre nous ?

– Non, ce n'est pas fini ! On est pareils, toi et

moi, et on forme un couple génial, c'est ce qu'ils disent tous dans les rodéos. Flora n'est pas d'ici. Elle ne connaît rien de notre vie. Elle ne résistera pas à un week-end dans le désert, tu verras !

– Je te conseille de te tenir loin d'elle, Evelyn, l'avertit Taco.

– Tu me connais : je serai sage comme une image !

Flora se glissa sans bruit dans son sac de couchage. Anna avait donc dit vrai.

Chapitre 12

Le lendemain matin, en s'habillant, Flora aperçut quelque chose de noir et de brillant à l'intérieur d'un de ses tennis : un scorpion ! Evelyn y était-elle pour quelque chose ? Elle attrapa sa chaussure avec précaution, s'éloigna du camp et alla jeter l'intrus sur un rocher. Voyant que l'insecte restait immobile sur le dos, elle le toucha avec une brindille. Il ne remua pas davantage. Évidemment, il était en plastique !
– Ha, ha, Evelyn ! murmura-t-elle. Tu voulais m'entendre hurler de peur. C'est raté. J'ai bien

l'impression d'avoir gagné la première manche. Elle ramassa le scorpion et le glissa dans sa poche :
– Je vais le garder comme preuve, au cas où...
Après le petit déjeuner, le groupe se mit en route. L'ancienne cité indienne était bâtie sur un plateau élevé et avait servi de forteresse. Les Indiens l'avaient défendue pendant des siècles jusqu'à ce que les Espagnols la démolissent à coups de canon. Il n'y avait qu'un chemin pour y accéder : un interminable escalier à flanc de colline, incroyablement raide. Le soleil de ce début de printemps était déjà chaud. Les randonneurs avançaient lentement, escaladant une à une les marches que de récentes pluies avaient rendues glissantes.
La vue était splendide d'en haut. Les montagnes, encore encapuchonnées de blanc, dominaient majestueusement le feuillage vert tendre des arbres. Le Pr West montra aux élèves les endroits où les Indiens faisaient autrefois pousser le blé et où ils cuisaient leur pain.
Flora était très impressionnée. Elle avait toujours cru l'histoire de l'Amérique récente. Et voilà qu'elle apprenait que les Indiens bâtissaient des forteresses à l'époque de la reine Élisabeth Ire. Soudain, on lui saisit le bras et elle sursauta.

– Attention où tu mets les pieds ! Tu as failli marcher sur un serpent à sonnettes !
Flora fit un bond en arrière et vit que son ange gardien n'était autre qu'Evelyn. Au milieu du sentier, un long serpent déroulait lentement ses anneaux dans le sable.
– Oh, merci ! Je ne l'avais pas vu.
Evelyn sourit gentiment.
– Ce n'est rien. Une fille de la ville ne peut pas connaître les serpents. Mais, à partir de maintenant, fais attention !
– Oui, dit Flora. Merci encore.
Au fond, Evelyn n'était pas si méchante. Elle s'amusait à l'effrayer avec un scorpion en plastique, mais elle la prévenait d'un réel danger.
Voyant Taco et deux de ses copains approcher en discutant, Flora s'écria :
– Hé, regardez où vous marchez ! Il y a un serpent à sonnettes sur le chemin !
Ils regardèrent le reptile qui glissait lentement derrière un rocher.
– Ça ? s'esclaffa un des garçons. Mais ce n'est qu'une couleuvre.
– Quand je verrai un vrai serpent à sonnettes, je te le montrerai, dit gentiment Taco. Après, tu ne te tromperas plus.
Flora hocha la tête. Il était inutile de parler

d'Evelyn. Elle allait encore passer pour une idiote.

Dans l'après-midi, le Pr West les emmena sur une plate-forme de guet d'où les Indiens faisaient pleuvoir des flèches sur leurs ennemis.
– Oh, il faut que tu voies ça, Flora, dit Evelyn en s'écartant pour qu'elle puisse s'approcher du bord.
Mais Billy Peterson s'avança d'abord.
Evelyn tendit brusquement le bras pour le retenir.
– Billy ! Recule ! Vite ! hurla-t-elle.
La pierre au bord du parapet était descellée.
Flora frissonna. Evelyn l'avait invitée à s'avancer pour mieux voir. Savait-elle que la pierre ne tenait pas et qu'elle aurait cédé sous son poids, l'entraînant au fond de la vallée ?
« Elle a dû remarquer que la pierre bougeait quand Billy s'est approché. Elle m'aurait retenue, moi aussi », tenta-t-elle de se rassurer. Mais elle n'arrivait pas à chasser ce doute terrible. Elle s'imaginait basculant dans le vide et s'écrasant sur les rochers.
Après cet incident, Evelyn laissa Flora tranquille.

Cette nuit-là, de gros nuages s'accumulèrent au-dessus des montagnes. Les randonneurs dor-

maient à poings fermés quand le claquement sec du tonnerre, puis une pluie glaciale les réveillèrent en sursaut.
– Flora, viens vite là-dessous ! s'écria Taco en l'arrachant de son sac de couchage pour la conduire à son abri de fortune.
Accroupis sous une bâche, ils écoutèrent la pluie marteler le sol.
– Ce serait parfait si on n'avait pas les pieds trempés, fit remarquer Flora.
Finalement, ils se réfugièrent tous à l'arrière du camion et, blottis les uns contre les autres, ils assistèrent à la transformation de leur camp en une immense flaque de boue. La nuit fut éprouvante. La pluie s'infiltrait partout et leurs sacs de couchage étaient trempés.
Dès l'aube, le Pr West leur proposa de rentrer à la maison.
– On n'arrivera même pas à allumer un feu pour le petit déjeuner, dit-il, et j'ai peur que certaines rivières n'aient débordé.
Ils mirent les vêtements secs qui leur restaient, mangèrent quelques barres de céréales et partirent. Au milieu de la matinée, la pluie s'arrêta, et le soleil réussit à percer les nuages.
– On aurait pu rester, après tout, dit Anna.
Le Pr West secoua la tête :

– Non, les sentiers auraient été coupés par la montée de l'eau. Et ces arroyos ne me disent rien qui vaille, ajouta-t-il en arrêtant le camion.

Une rivière, qu'ils avaient traversée à sec, bouillonnait maintenant d'une eau tumultueuse.

– On va pouvoir passer ? demanda Anna.

Le Pr West fronça les sourcils.

– On va au moins essayer.

L'eau n'était pas profonde. Le camion avança d'abord sans problème, mais arrivé au milieu de la rivière, les roues se mirent à patiner.

– Que se passe-t-il, Papa ? cria Taco de l'arrière.

– On s'est enlisés. Il va falloir pousser.

– Nous aussi ? demanda Evelyn. Il vaut mieux laisser faire les garçons, non ?

– Si on doit se rafraîchir les jambes dans de l'eau glacée, il n'y a pas de raison de vous en priver, lança Taco en riant. Allez, tout le monde dehors ! Et que ça saute !

– Désolé, les filles, dit le Pr West, mais il faut alléger le camion.

Flora et Anna rejoignirent les garçons.

– Hé, Evelyn, appela Taco. Qu'est-ce que tu attends ?

Evelyn passa la tête par la vitre.

– Je suis tellement légère que ça ne fera aucune différence ! Et mon jean m'a coûté cent dollars.

– Si on pousse, tu pousses ! protesta Anna.
– Allez, soyez sympas. Vous n'allez pas m'obliger à abîmer mon jean pour si peu.
– Professeur West, dites-lui de descendre, demandèrent Flora et Anna en chœur.
– On ne poussera pas si elle ne pousse pas, ajoutèrent les garçons.
Le Pr West regarda la jeune fille.
– Evelyn, il est normal que tu participes, toi aussi, dit-il. Si tes vêtements ne supportent pas l'eau, tu n'aurais pas dû les mettre pour faire du camping.
Evelyn descendit, acclamée par de bruyants applaudissements. Elle avança dans l'eau boueuse et se rendit à l'arrière du camion sans dire un mot. Ses yeux lançaient des éclairs.
– Bon, vous êtes prêts ? Allons-y ! cria le Pr West, aux commandes du véhicule.
Le moteur toussota, puis le camion se mit en branle. Centimètre après centimètre, il progressa jusqu'à la terre ferme.
– Vous étiez bien assez forts pour faire avancer ce camion sans moi ! râla Evelyn, furieuse.
Alors qu'elle s'apprêtait à remonter, elle glissa et s'étala dans la boue. Sa chute provoqua l'hilarité générale.
– Ah ! Ça vous fait rire ? fulmina Evelyn en se

relevant tant bien que mal. J'aurais pu me tordre la cheville ! Et regardez mon jean, il est fichu !

– Ce n'est pas si grave, Evelyn, dit Billy. Tu n'auras qu'à le laver ! Où est passé ton sens de l'humour ?

Flora monta à son tour dans le camion, ne pouvant s'empêcher d'apprécier l'incident.

Chapitre 13

Le temps filait à une vitesse folle. Dans un mois, Flora serait de retour à Londres. Pourrait-elle supporter de retrouver son ancienne vie ?

Dans ses lettres, Sandra lui parlait de la mode londonienne, de groupes de rock, de musées et de vieilles demeures célèbres.

– C'est drôle, dit Flora à Taco. Sandra est devenue une vraie Londonienne. Tu crois qu'elle va se réadapter au ranch ?

– On pourrait peut-être la laisser là-bas et te garder à sa place ?

– Ne dis pas ça, Taco, le reprit-elle.
Même s'il lui tardait de revoir ses parents, Flora était vraiment malheureuse à l'idée de rentrer en Angleterre. Elle savait qu'elle ne serait plus jamais la même. Quand elle attendrait le bus ou le métro aux heures de pointe, elle rêverait aux paysages sauvages du Nouveau-Mexique. Quand elle regarderait les alignements des toits gris, elle imaginerait des crêtes de montagnes et se souviendrait de leur teinte violette au soleil couchant.
– J'ai deux pays, maintenant, murmura-t-elle.
– Après ton séjour ici, Londres va te paraître vieux et pollué.
– Oui, mais il y a des choses qui me manquent.
– Quoi, par exemple ? demanda-t-il en la serrant contre lui.
– Le poisson et les frites enveloppés dans du papier journal, les saucisses bien grasses, le brouillard, plaisanta-t-elle.
– Tu es sûre de ne pas préférer le chili de Maria et le désert plein de cactus ?
Elle le fit taire en l'embrassant.
– Oh, Taco, ne rends pas les choses plus difficiles ! Et si tu venais à Londres à ton tour ?
Taco plissa le nez :
– Je ne survivrais pas en ville. J'étoufferais dans

les gaz d'échappement et je manquerais d'espace. Ma vie est ici. Ma seule ambition, c'est de finir mes études et de m'occuper de ce ranch.
Flora soupira :
– Quelle chance tu as de savoir exactement ce que tu veux faire ! Et si je devenais hôtesse de l'air ? Je pourrais passer te voir chaque fois que je ferais escale au Nouveau-Mexique !
– Pas question ! Tu dois faire des études et...
– Qu'est-ce qu'on est en train de raconter, tous les deux ? Je vais finir par pleurer si on continue comme ça. On ferait mieux de profiter du temps qui nous reste ensemble, tu ne trouves pas ?
– Tu as tout à fait raison, Flora, dit-il en l'enlaçant tendrement.

Avec l'arrivée du printemps, le désert se mit à fleurir. Les yuccas dressaient leurs troncs comme de grands cierges blancs, et le troupeau se régalait d'herbe tendre.
Au ranch, tout le monde s'affairait. C'était l'époque du rassemblement annuel du bétail et du marquage des veaux. Flora assista aux opérations, bien à l'abri dans le camion. De toute façon, elle n'était pas suffisamment bonne cavalière pour manœuvrer les bêtes. Taco pouvait de nouveau monter. Flora admirait l'aisance avec

laquelle il dirigeait son cheval et son coup d'œil pour repérer les jeunes veaux. « Il ne sera heureux nulle part ailleurs », pensait-elle avec un pincement au cœur.

Le marquage des veaux lui faisait peur. Elle ne supportait pas les beuglements terrifiés des bêtes et l'odeur de peau brûlée.

– Ça doit leur faire mal ! dit-elle à Taco.

– Rassure-toi, ils ont la peau dure. Si on ne les marquait pas, lui expliqua-t-il, on ne les distinguerait pas de ceux de nos voisins.

Flora ne demandait qu'à se laisser convaincre.

Une nuit de la fin juin, Flora rêva de Taco. Il était à côté d'elle et lui murmurait. « Flora, réveille-toi », et il l'embrassait gentiment sur la joue.

– Taco ? murmura-t-elle en ouvrant les yeux.

Il était là, assis sur son lit, et lui souriait.

– J'ai cru que tu ne te réveillerais jamais !

– Mais qu'est-ce que tu fais là, en pleine nuit ?

– Pas en pleine nuit. Il est 3 h 30, précisa-t-il.

– Et que dirait ton père s'il te trouvait dans ma chambre ?

Taco se mit à rire :

– Il m'a donné la permission. Je t'emmène faire une balade.

– À trois heures du matin ?

– C’est une surprise. On doit arriver avant le lever du soleil. Allez, debout ! lança-t-il en lui prenant la main.
– Mais où m’emmènes-tu ?
– C’est un secret. Et on va tout rater si tu ne te dépêches pas. Écoute, si tu ne te lèves pas tout de suite, je t’emmène de force, et en chemise de nuit !
– D’accord, je viens, mais à mon avis, tu es devenu fou !
– Tu trouveras du café à la cuisine, lui dit encore Taco avant de sortir. Je vais chercher le camion. La route est longue.
Encore endormie, Flora monta dans la cabine. Le ciel était parsemé d’étoiles.
– Regarde, murmura-t-elle. Ces étoiles ont l’air si proches. Il suffirait de tendre la main pour en cueillir une.
– Tu n’en verras pas d’aussi belles en Angleterre.
– S’il te plaît ! Ne commence pas !
– C’est la dernière fois que nous sommes seuls ensemble, dit-il plus sérieusement. Rien que tous les deux.
Elle hocha la tête sans rien ajouter. Le camion s’enfonça dans le désert. L’obscurité était peuplée de silhouettes fantomatiques. Les cactus géants dressés au bord de la route évoquaient d’étranges auto-stoppeurs.

– Pourquoi ne me dis-tu pas où tu m'emmènes ? J'espère qu'on ne va pas encore voir des chevaux sauvages.
– Non, pas cette fois. Fais-moi confiance.
– Allez ! insista-t-elle. Et d'abord, comment peux-tu savoir si ça me plaira ?
– Ça te plaira, j'en suis sûr.
Au bout d'une heure, ils quittèrent la route goudronnée pour s'engager sur une piste.
– Est-ce que tu aurais par hasard l'intention de m'abandonner dans le désert, en pleine nuit ? demanda Flora malicieusement.
Taco sourit :
– Ça y est, tu as deviné ! Je vais t'abandonner, mais pas avant d'avoir récupéré mon bracelet.
– Il n'en est pas question ! Je vais le porter tous les jours en Angleterre. Et quand je le toucherai, je penserai à toi.
– On n'en est pas encore là, lui rappela Taco en lui caressant doucement la joue. Écoute, il faut que je me concentre maintenant, ou je vais me tromper de chemin et on finira par se perdre pour de bon.
Flora s'émerveillait de la facilité avec laquelle il conduisait. Il n'y avait aucune visibilité. Dans le faisceau des phares, le sol semblait assez plat, mais le camion heurtait sans arrêt des pierres et

accrochait des buissons sur son passage. Enfin, elle aperçut la crête des falaises. Quelques minutes plus tard, le camion s'arrêtait au pied de leurs parois sombres. Le vent sifflait à travers les rochers escarpés. Taco alluma une lampe torche pour éclairer le sentier.

– Il faut continuer à pied, dit-il. Fais attention, c'est un peu raide au début.

Ils s'engagèrent le long d'un chemin sinueux. Leurs pas résonnaient dans la nuit. On aurait dit que quelqu'un les suivait. Flora se retournait souvent, sans oser parler, sans presque oser respirer...

– On est arrivés, annonça enfin Taco.

Flora devina qu'ils avaient atteint une étroite vallée entre les hautes falaises.

– Et je suis censée voir quoi, en pleine nuit ? ironisa-t-elle.

– Patience, lui dit Taco. Ce ne sera pas long.

– Où sommes-nous ?

Ils parlaient à voix basse, comme si l'endroit avait quelque chose de magique.

– C'est un vieux site indien, dit Taco. Regarde.

Il dirigea sa lampe sur le rocher et Flora poussa une exclamation de surprise.

– Il y a des dessins gravés dans la pierre !

Elle frissonna malgré elle.

– Qu'est-ce que tu as ? demanda Taco.
– Je pensais aux Indiens. Tu crois qu'il y a des fantômes ici ?
– Mais non, quelle idée ! D'ailleurs, c'était un endroit sacré. Il n'y a rien à craindre. Viens près de moi. Tu vois ces signes sur la roche ?
– Tu veux parler des flèches ?
– Oui. Suis-les et ensuite lève les yeux.
– Jusqu'à cette fissure dans les rochers ?
– C'est ça.
– Et puis ?
– Attends.
– Quoi ?
– Chut... Regarde bien.
Tout à coup, une lumière aveuglante jaillit, scintillante comme une étoile, emprisonnée dans la pierre.
– Qu'est-ce que c'est ? demanda Flora, effrayée.
Un instant elle avait cru à l'apparition de vieux guerriers indiens revenant du pays des morts.
– C'est le soleil levant, murmura Taco, la voix tremblante d'émotion. Tu sais quel jour on est ?
Flora réfléchit un instant avant de répondre.
– Le... 21 juin.
– C'est le solstice d'été. Tu as devant toi un calendrier. Le soleil ne brille à travers cette fente que le jour du solstice.

– Tu veux dire que les Indiens avaient découvert ça ?
– Oui. Mon père pense que ces dessins remontent à plus de deux millions d'années.
Flora était aussi émue que Taco. C'était magique : le point lumineux tombait exactement sur les vieilles inscriptions. Et les gens qui avaient inventé ce calendrier avaient vécu aux temps préhistoriques !
Taco lui prit la main.
– Je voulais simplement que tu saches que nous aussi, les Américains, nous avons une histoire.
– Tu en es fier ?
– Très. Tu comprends pourquoi je ne pourrai jamais vivre en Europe ?
Ils fixèrent la fente de lumière pendant quelques minutes. Puis elle disparut.
– On ne la voit plus ! s'exclama Flora.
La vallée était maintenant à nouveau plongée dans l'obscurité.
– Le phénomène ne dure que dix minutes environ, dit-il. Tu es une des rares personnes qui aient jamais vu ça. Mon père l'a découvert il y a huit ans et, jusqu'à aujourd'hui, seuls quelques étudiants ont eu le privilège de venir ici. Allez, on va prendre le petit déjeuner. Je meurs de faim.
Une fois dans le camion, Flora demanda :

– Taco, tu voudrais me dire au revoir maintenant ? À l'aéroport je ne pourrai pas, avec tous les gens autour.
– Pourquoi maintenant ? Il nous reste encore deux jours.
Flora soupira.
– C'est vrai. Mais je me disais que ce serait bien de se dire au revoir ici.
Elle était au bord des larmes.
– Eh, ce n'est pas la fin du monde ! Les avions, ça existe ! On se reverra aux vacances.
– Oui, je sais. J'aimerais quand même qu'on se dise au revoir maintenant, insista-t-elle.
Il sourit et la prit dans ses bras.
– Je parie que les Anglais ne savent pas embrasser comme moi.
Simon lui avait dit la même chose avant son départ. Simon... « Est-ce que je pourrai encore tomber amoureuse de quelqu'un comme Simon ? »
Puis, envoûtée par le baiser de Taco, elle oublia tout.

Chapitre 14

Sandra revint la veille du départ de Flora. Elle fit irruption dans la maison comme une mini-tornade, bavardant sans arrêt, et serrant tout le monde dans ses bras.

– Oh, mais vous n'avez pas changé ! disait-elle. Maria, je t'en prie, fais-moi des crêpes. Je crois que je vais mourir si je n'en mange pas tout de suite. Non, d'abord, un cheval ! Vite que j'aille me promener ! En Angleterre, on ne peut pas s'échapper. Chaque parcelle de terre appartient à quelqu'un et il y a des barrières partout.

Flora avait préféré rester dans sa chambre pour laisser à Sandra le temps de retrouver sa famille, mais elle l'entendait déjà demander :

– Où est Flora ? Qu'as-tu fait d'elle, Taco ? J'espère que tu ne l'as pas laissée monter Princess ! Est-ce que tu as été gentil avec elle au moins ?

Elle écarquilla les yeux en voyant Flora entrer dans la cuisine.

– Ouah ! Ta mère ne va pas te reconnaître. Tu ne trouves pas qu'elle a changé, Taco ?

– Un peu.

– Flora, raconte-moi comment s'est comporté cet affreux énergumène ?

Taco et Flora échangèrent un regard par-dessus la tête de Sandra.

– Pas si mal que ça, dit Flora.

– J'ai quand même dû lui botter les fesses de temps en temps, ajouta Taco.

Sandra les regarda tous les deux.

– Oh !... fit-elle.

– Eh oui, répondit Taco en prenant Flora par les épaules.

– Ça alors... Qui l'aurait cru ?

Plus tard, Sandra et Flora se retrouvèrent seules dans la chambre de la jeune Américaine.

– Je suis très contente pour toi et Taco. Je me sentais tellement coupable à cause de Simon ! Je ne l'ai pas fait exprès, tu sais. C'est arrivé comme ça, tu lui manquais, et j'étais seule...
– Tu n'as pas besoin de t'excuser, Sandra, la rassura Flora. Comment va-t-il ?
Sandra sourit :
– On a eu une très belle scène d'adieu, Simon me suppliant de rester, et moi l'assurant qu'il m'oublierait vite. Il est sympa, mais, pour être tout à fait franche, je le trouve un peu mou. Je ne peux quand même pas passer ma vie à faire des devoirs et à regarder la télé !
– Je sais de quoi tu parles. En tout cas, ce vieux Patrick t'attend avec impatience. Il n'a pas arrêté de parler de toi.
– Ah bon ?
Sandra semblait contente et flattée.
– Tu sais, j'ai souvent failli lui écrire. Et puis j'ai décrété que c'était un cas aigu de mal du pays, et je me suis arrêtée dans mon élan. Ça sera bon de revoir toute la bande... Comment va Evelyn, à propos ?
– Evelyn ? dit Flora en souriant. Depuis qu'elle est tombée dans la boue en jean blanc, elle ne nous adresse plus la parole. C'est une longue histoire. Taco te la racontera.

Sandra plissa le nez, exactement comme le faisait son frère :
– Il va être pénible à supporter quand tu ne seras plus là.
– Pour moi aussi, ça va être dur.
– Allez, aide-moi à défaire mes bagages, dit Sandra. Ça te changera les idées. J'ai rapporté des tonnes de vêtements. Et tous les derniers tubes, comme Urban Slime.
– Qui est-ce ? demanda Flora.
Sandra se mit à rire :
– C'est un nouveau groupe qui fait un tabac à Londres. Pas ici ?
– Aucune idée, remarqua Flora. C'est drôle, je n'ai pas pensé aux vêtements, aux disques ou au cinéma de toute l'année. J'ai eu tellement de choses à faire !
– Je sais, dit Sandra. Nourrir les bœufs, les poulets et les chevaux ! C'est ce que je redoute le plus après un an en Angleterre.
– Moi, ça m'a plu finalement. Je vais essayer de trouver du travail à Londres. Et je continuerai peut-être à faire de l'équitation.
– Je suis allée faire du cheval une fois, raconta Sandra, mais ils t'obligent à t'asseoir sur une drôle de selle, et tu es forcé de suivre les autres. Oh, et ils avaient tous des bombes et des panta-

lons d'équitation. Si tu avais vu leur tête quand je suis arrivée en jean ! À croire que je débarquais d'une autre planète !
« C'est vrai, pensa Flora tristement. Les gens sont comme ça en Angleterre. Il faut ressembler à tout le monde. Ici on peut être soi-même. Peut-être qu'un jour je reviendrai... »

Le lendemain matin, il faisait un temps magnifique. Le camion était prêt à partir pour l'aéroport.
– Tu reviendras nous voir ? Promis ? demanda Enrique.
– Prends bien soin de toi, recommanda Maria en s'essuyant les yeux.
Flora monta dans la cabine et contempla une dernière fois le ranch, les champs qui s'étendaient à l'infini, les montagnes au loin. Puis elle tourna la tête et se força à regarder droit devant elle. Taco lui prit la main.
Quand le camion s'élança sur la route, elle ravala ses larmes. Le Pr West, qui était au volant, bavardait gaiement comme si de rien n'était. Flora et Taco, eux, se taisaient.
Le professeur se gara juste devant l'entrée de l'aéroport. Ils traversèrent le terminal et se rendirent immédiatement au comptoir d'enregistrement.

Quand Flora donna son billet et ses bagages à l'hôtesse, elle était totalement bouleversée.
À la porte d'embarquement, le Pr West embrassa Flora et lui dit :
– J'ai été ravi de t'avoir avec nous. Tu pourras dire à tes parents que tu es devenue une vraie cavalière. J'espère que tu ne nous oublieras pas.
– Il n'y a aucun risque, assura Flora.
Le haut-parleur annonçait son vol. Elle se tourna vers Taco :
– Au revoir. Et ne t'avise pas d'attraper des chevaux sauvages au lasso quand je ne suis pas là.
– Et toi, ne t'approche pas trop près des haies de cactus, si par hasard tu en vois à Londres.
– Ne t'inquiète pas ! Au revoir...
Elle partit rapidement. Quand elle se retourna, elle vit que Taco la suivait du regard.
« Je t'aime », lut-elle sur ses lèvres. « Je t'aime aussi », articula-t-elle silencieusement.
Puis elle courut à l'avion qui décolla presque aussitôt. Elle aperçut le camion, toujours garé au même endroit. Bien que personne ne pût la voir, elle fit de grands signes jusqu'à ce qu'il se réduise à un minuscule point.

Flora était rentrée depuis plusieurs jours quand elle rencontra Simon chez le marchand de lé-

gumes. Elle avait oublié qu'en Angleterre il fallait prendre un sac pour faire les courses et elle était en train de s'emporter contre le vendeur :
– Si je comprends bien, il ne me reste qu'à mettre mes pommes de terre dans les poches de ma veste. Mais vous devez bien avoir un sac dans ce magasin !
– Je peux vous les envelopper dans un journal, Mademoiselle. Vous êtes nouvelle ici ?
– Mettez-les dans ce sac, dit une voix derrière elle. Je les lui porterai.
C'était Simon.
– Bienvenue au pays ! dit-il timidement. Il me semblait bien t'avoir reconnue. Je t'ai suivie jusqu'ici.
– Bonjour, Simon. C'est gentil de prendre soin de mes pommes de terre.
– Je peux t'accompagner ? demanda-t-il en maintenant le sac ouvert pour que le vendeur y glisse les légumes.
– D'accord.
Il sourit.
– Tu es devenue très américaine, dis donc. Mais c'est vrai qu'avec Sandra j'ai eu le temps de m'habituer.
– C'est ce que j'ai cru comprendre, fit remarquer Flora avec un sourire en coin.

– Oui, enfin..., balbutia Simon en rougissant. Je ne sais pas trop comment expliquer...
« Tiens, pensa-t-elle, en un an je n'ai jamais vu Taco rougir. »
– Ça va, Simon. Remets-toi. Je comprends parfaitement, tu sais. Les Américains ont un charme irrésistible.
– Tu l'as remarqué, toi aussi ?
– Hum, hum.
– Ah bon ? dit-il avec un regard interrogateur.
– Je t'en parlerai un de ces jours. Pas maintenant.
Ils traversèrent la rue. Flora marchait tout près de Simon, mal à l'aise dans cette foule triste et pressée.
– Sandra est une fille super, dit Simon. Mais quelle bavarde ! Elle ne s'arrête jamais ! Tu ne me croiras pas, Flora, mais je suis presque content que l'année soit finie. Un peu de calme ne me fera pas de mal.
Flora sourit à nouveau. Sandra et Simon ! Attirés par leurs différences ! Ça ne pouvait pas durer. Et Taco et elle ? Elle s'obligea à penser à autre chose.
– Tu as beaucoup changé, Flora.
– Comment ça ?
– Je ne sais pas. Tu as pris de l'assurance. Et puis, tu as l'air en superforme.

– C'est à force de jeter des balles de fourrage aux bêtes à six heures du matin.
– Quelle horreur !
– Pas du tout ! C'était plutôt sympa.
Ils étaient arrivés devant chez elle.
– Je voulais te demander, Flora... Est-ce que tu voudrais... Enfin, est-ce que nous pourrions... Est-ce que je pourrais venir de temps en temps ? On pourrait aller au cinéma ?
– Juste entre copains, Simon. Je ne suis pas prête pour autre chose.
– D'accord, entre copains, promis !
– Dans ce cas, j'aurais besoin d'un copain tout de suite, dit-elle.
Il sourit, soulagé :
– Tu m'as manqué.
– Tu sais quoi, Simon ? C'est bon d'être de retour.
La lettre de Sandra arriva quelques jours plus tard.

« Chère Flora,
J'espère que tu t'es réconciliée avec Simon. En Angleterre, je me sentais coupable, mais maintenant je vois les choses différemment. C'était un amour de "vacances", c'est tout. Je sais que, pour toi et Taco, c'était autre chose. Il n'y a qu'à le

regarder. Il tourne en rond comme une âme en peine. Il se plonge dans l'atlas et étudie la carte de l'Angleterre. Il veut travailler le week-end dans un haras pour gagner de l'argent. Aussi, ne sois pas surprise s'il sonne un jour à ta porte... »

Flora reposa la lettre et laissa son regard flotter au-dessus des toits gris.

FIN

EXTRAIT

Et pour rêver encore,
lis cet extrait
de

UN DUO D'ENFER

de Joanna Campbell

Chapitre 4

Lisa s'avança gauchement jusqu'au piano. Elle était intimidée. Peter installa tranquillement ses affaires. Elle l'imita en jetant des regards furtifs dans sa direction. Il était vraiment très beau, et apparemment différent des garçons qu'elle avait pu rencontrer au lycée.
– Prête ? lui demanda-t-il. On rejoue tout le morceau avant de s'occuper des passages difficiles, d'accord ?
Le ton posé de Peter la surprit. Elle acquiesça timidement et attaqua l'ouverture. Tandis que le

morceau prenait vie, elle sentit toute sa nervosité tomber. Le talent de Peter était admirable.

Après les dernières notes, Lisa retira ses mains du clavier et leva les yeux.

– Bravo, fit-elle simplement.

Il eut l'air surpris et la dévisagea.

– Ce n'est pas parfait, il faut encore travailler. Les transitions ne sont pas assez coulantes.

– Je sais, acquiesça Lisa. Je voulais parler de ta ligne mélodique.

Le compliment le gêna. Ses yeux se perdirent dans le vide.

– J'ai toujours aimé ce morceau, répondit-il de manière évasive.

Elle hésita, tapota nerveusement sur la partition, puis se décida à poser la question qui lui brûlait les lèvres depuis le matin.

– Tu habite où ?

– Je suis du New Jersey.

– Tiens, comme Mathilde ! s'écria-t-elle. Tu la connais ? C'est le deuxième violon. Nous partageons la même chambre.

– Oui, elle m'a parlé ce matin. Maintenant, j'habite à New York. Je suis à Trilling.

EXTRAIT

– Ça alors ! C'est là que j'ai envoyé mon dossier de candidature.
– Je travaille avec Théodore Mendal, ajouta-t-il en tripotant son archer. Grâce à ses cours, j'ai été retenu pour le festival de jeunes solistes de Chicago. Je devrais être un peu plus connu après cette série de concerts, et je pourrais envisager de faire des tournées.
– À quel âge as-tu commencé le violon ?
– À six ans. Mon voisin de palier était musicien. C'était un vieux monsieur qui avait appris à jouer tout seul. C'est avec lui que j'ai découvert le violon. Il me prêtait son instrument pour que je m'entraîne. À dix ans, je distribuais des journaux pour gagner de l'argent et me payer des cours. Mes parents estimaient qu'ils n'avaient pas à financer un caprice d'enfant.
Peter était perdu dans ses souvenirs et, pour la première fois, Lisa le vit sourire.
– J'ai passé un nombre incalculable d'après-midi chez mon voisin. Il m'a… Il me disait toujours que j'irais loin si je m'en donnais les moyens.
– Il avait raison. Tu joues remarquablement bien.
– Remettons-nous au travail, la coupa-t-il.

EXTRAIT

Ils jouèrent pendant presque une heure. Peter était un perfectionniste. À la moindre erreur, il lui faisait reprendre le passage entier. Lorsqu'ils s'arrêtèrent enfin, Lisa était épuisée, mais heureuse des progrès accomplis. Leur deux jeux s'accordaient mieux et la qualité de l'interprétation s'en ressentait.

Peter ragea son violon. Il était apparemment satisfait.

– Et toi, Lisa ? Je ne t'ai pas demandé d'où tu venais.

– De Pennington, dans le Connecticut.

– J'y suis passé une fois avec un copain. C'est une jolie petite ville, très différente de Newark où j'ai grandi. Pourquoi as-tu choisi le piano ?

– J'ai voulu jouer dès que j'ai eu trois ans. Il y avait un vieux piano à la maison, qui avait appartenu à ma grand-mère et sur lequel je m'amusais. Ensuite, j'ai pris des cours. J'aimerais devenir soliste. Encore un an au lycée, et puis j'entrerai à Trilling. Enfin, j'espère. Là-bas, je verrai si je peux envisager une carrière professionnelle.

– Nous devons nous revoir pour nous entraîner reprit-il en changeant de sujet. Mais j'ai un

emploi du temps assez chargé. Il y a les cours, les répétitions, et je veux assister à tous les concerts.
– On pourrait se retrouver après dîner, les soirs où il n'y a pas de concert ? proposa Lisa.
– Très bien. Rendez-vous demain à dix-neuf heures alors.
Il l'attendit le temps qu'elle rassemble ses partitions et lui tint la porte. Le soleil se couchait tandis qu'ils marchaient en silence.
– Hou ! Hou ! Peter !
Débouchant d'un sentier, un garçon aux cheveux noirs et bouclés approchait à grandes enjambées. Il sourit à Peter, et Lisa vit deux grands yeux bruns pétiller.
– Je vais retrouver des copains de Trilling. Tu viens ? demanda-t-il.
Il regarda Lisa.
– Vous avez travaillé ensemble ? J'ai entendu le prof vous appeler. Il y a un problème ?
– Non, c'était juste pour nous donner quelques conseils. Lisa, je te présente Terry MacClide, mon meilleur ami. Nous partageons la même chambre, ici comme à Trilling. Terry, voici Lisa Page.
– Enchanté, dit Terry en s'inclinant profondé-

ment. Ma pauvre Lisa, je te plains de devoir t'accommoder de cette fichue tête de mule.

Il lui fit un clin d'œil complice.

– À Trilling, il s'est fait une réputation redoutable. Il n'y a que son violon et son estomac qui comptent pour lui. Il ne sort que pour aller chercher un hamburger ou pour écouter un concert à Carnegie Hall.

– Lâche-moi, tu veux ! répliqua Peter en souriant. Je ne m'oppose pas à ce que tu sortes tous les soirs ? Alors…

– Ça, je profite de la vie, c'est sûr. Ce qui ne m'empêche pas d'être un excellent flûtiste et un élève modèle ! N'est-ce pas ? Bon, j'y vais. Tu viens ?

– Non, je dois travailler.

Ils éclatèrent de rire en même temps. Terry leur fit un petit signe de la main et partit en sifflotant.

– Moi aussi, j'y vais, dit Peter. À demain.

Lisa le regarda s'éloigner, perplexe. Il était si calme, si réservé, presque froid. Mais passionné de musique, comme elle. Elle secoua la tête chassant les idées romantiques qui lui venaient à l'esprit. Après tout, elle venait à peine de le rencontrer.

EXTRAIT

Le lendemain, assise à son piano, Lisa chercha la tête blonde de Peter. Elle le repéra alors qu'il entrait par une porte latérale et se rendait à sa place. Quand le regard de Peter croisa le sien, il s'empressa de détourner les yeux.
Dès que la répétition commença, elle se concentra sur son jeu, mais à la pause, elle se surprit à penser à la soirée qui l'attendait. « Quelle idiote ! Je suis attirée par un garçon que je ne connais presque pas et qui ne s'intéresse sans doute pas à moi. Peter est tellement passionné par sa musique que je suis sûre qu'il m'a tout juste regardée. »
À la fin de la répétition, M. Caldfrey appela de nouveau Lisa et Peter.
– Bravo ! Je tenais à vous féliciter pour les progrès que vous avez déjà accomplis, leur dit-il. Continuez ! Je songe à vous confier un autre morceau que vous pourriez jouer en duo. Qu'en dites-vous ?
Lisa s'empressa d'accepter. Peter fit de même.
– Alors, c'est entendu, conclut M. Caldrey. Voici les partitions. Mais je pense que vous devez connaître le morceau, ajouta-t-il avant de partir.
Ils se regardèrent, stupéfaits.

EXTRAIT

– C’est une chance incroyable, s’exclama Peter. Essayons de ne pas décevoir M. Caldfrey.

– Tu crois que je suis ici pour m’amuser ? répliqua Lisa un peu sèchement.

Elle regretta aussitôt ses mots, craignant d’avoir été blessante. Mais Peter ne parut pas vexé.

– Excuse-moi, le travail qui nous attend me rend un peu anxieux. Si tu veux, on peut commencer ce soir, proposa-t-il gentiment.

– Bonne idée. Ça me laisse le temps de le répéter de mon côté.

Soudain, sans vraiment comprendre ce qu’elle faisait, Lisa lui prit la main et la serra dans la sienne.

– Scellons notre nouvelle association, ajouta-t-elle aussitôt, embarrassée par sa propre audace.

Ils restèrent un moment silencieux, les yeux dans les yeux. Elle retira sa main et, comme elle s’éloignait, elle l’entendit qui disait, d’une voix étrangement calme :

– Ça me fait plaisir de travailler avec toi.

EXTRAIT

Découvre vite la suite de cette histoire
dans
UN DUO D'ENFER
N° 305 de la série

Cœur Grenadine

Cœur Grenadine

301. MON DOUBLE ET MOI
302. LE SECRET DU ROCKER
303. UN GARÇON DANS LE DÉSERT
304. LA FILLE SUR LE PLONGEOIR
305. UN DUO D'ENFER
306. DESTINATION SYDNEY
307. ÉCHEC ET... MATHS
308. RÊVES D'HIVER
309. PETITE SŒUR
310. UN GOÛT D'ORAGE
311. UNE ANNÉE EN GRIS ET BLEU
312. EN ATTENDANT L'AUTOMNE
313. NE ME DITES JAMAIS « JE T'AIME »
314. MENTEUSE !
315. BLEU COMME LA NUIT
316. MUSIQUE À CŒUR
317. C'EST MOI QUI DÉCIDE
318. LE GARÇON QUE JE N'ATTENDAIS PAS
319. C'EST LE VENT, BETTY
320. NON, PAS LUI !
321. LE CAHIER D'AMOUR
322. MA VIE RÊVÉE
323. UN CARTON JAUNE POUR DEUX
324. LA JALOUSE
325. BONS BAISERS DE BRETAGNE
326. UN ÉTÉ ORAGEUX
327. AMOUR ET MENSONGES
328. SVEN ET MARIE
329. EMBRASSE-MOI !

Impression réalisée sur CAMERON par

BRODARD & TAUPIN

GROUPE CPI

La Flèche
en février 2001

Imprimé en France
Dépôt légal : janvier 2001
N° d'Éditeur : 6593 – N° d'impression : 5962